자 산 관 리

— 증권시장과 부동산시장 중심으로 —

최 정 일 · 이 옥 동 공저

남두도서

남두(南斗) : 남두육성(南斗六星)

은하의 중심인 사수자리에 있는 국자모양의 여섯 개의 별로서, 인간의 탄생을 결정하는 별로 알려져 있다.

머리말

최근 세계경제는 매우 빠른 속도로 변화하고 있으며 우리나라는 세계에서 가장 빠르게 고령화 사회로 진입하고 있다. 고령화 사회로 진입하면서 생산인력이 감소하고 금리가 낮아지며 부동산 가격이 하락할 것으로 예상하고 있다.

금융자산 중에서 주식에 비해 예금이나 현금에 대한 비중이 높아 수익률 창출에 한계를 보이고 있다. 평균수명이 높아지면서 노후대비를 위한 자산축적에 관심이 높아지고 있다. 자산관리를 위해 증권시장과 부동산시장에 대한 필요성이 점점 더 많아지고 있다.

그동안 강의했던 자료들을 보완하고 수정하여 한 권의 책으로 엮어 보았다. 서점에 가면 여러 교수님들이 작성한 우수한 서적들이 많이 있으며 그중에서 일부를 교재로 선정하여 강의하면서 많은 공부가 되었다. 아직도 부족한 점이 많이 있지만 학생들이 공부하기 쉽고 이해하기 편하게 나름대로 정리해 보았다.

증권시장과 부동산시장이 금융자산과 실물자산을 대표하고 있으며 투자자의 부를 창조한다는 점에서 서로 다르지 않아 함께 정리하여 자산관리라 하였다. 과거에는 증권과 부동산을 별개로 생각하고 접근하였으나 최근에는 재무설계와 재테크 관리차원에서 이 두 가지를 모두 공부해야 할 필요성이 높아지고 있다.

끝으로 이 책으로 공부하는 모든 학생들에게 행운이 따르기를 진심으로 바라는 마음이다. 이 책이 나오기까지 수고해 주신 남두도서의 남승우 사장님과 여러 직원 분들에게 깊이 감사드린다.

어느 무더운 여름 오후에

저자 올림

차 례

제1장

재무관리의 이해

1. 재무관리의 의의
2. 회사기업의 형태
3. 금융시장의 이해
4. 재무관리의 목표

재무관리는 기업가치의 극대화를 목표로 필요한 자금을 조달하고 조달된 자금을 운용하는 것이며 이와 관련된 재무의사결정을 보다 효율적으로 수행하기 위한 방법을 다루는 학문이다.

1. 재무관리의 의의

재무관리의 의미와 특성 그리고 기능에 대해 살펴보고자 한다.

(1) 재무관리의 의미

금융시장을 통하여 필요한 투자자금을 조달하고 이 자금을 기업의 목표 달성을 위해 효율적으로 투자하여 새로운 가치를 창출하는 것으로 자산의 투자결정과 자본의 조달결정 등이 있다.

첫째, 자산의 투자결정이다.

기업이 어떤 종류의 자산을 어느 정도 보유할 것인가에 대한 의사결정이다. 기업 자산의 최적배합에 대한 의사결정으로 기업의 미래현금흐름과 영업위험을 결정하게 된다. 대차대조표의 차변에 표시한다.

둘째, 자본의 조달결정이다.

투자에 소요되는 자본을 얼마나 효율적으로 조달할 것인가에 대한 의사결정이다. 자본의 최적배합에 대한 의사결정으로 기업의 재무위험을 결정하게 된다. 대차대조표의 대변에 표시한다.

셋째, 순이익의 배당결정이다.

투자결정과 자본조달결정으로 기업의 순이익이 창출되고 이 중 얼마를 주주에게 배당하고 얼마를 사내 유보로 할 것인가에 대한 의사결정이다. 기업 내 자본조달결정의 유형으로 인식하고 있다.

이와 같이 재무관리는 투자결정과 조달결정 그리고 배당결정 등 기업의 재무의사결정에 필요한 정보를 수집하기 위해 기업 내 회계자료와 재무자료를 분석하는 의사결정으로 볼 수 있다.

(2) 재무관리의 특성

기업이 경영활동을 하는 과정에서 발생하는 자금관리에 관한 문제를 다루는 분야가 경영학의 재무관리이다. 재무관리는 다음과 같은 특성이 있다.

첫째, 재무관리는 자금관리가 주요 업무이다.

기업 내에는 여러 부서에서 다양한 일들이 수행되고 있다. 마케팅, 인사관리, 생산관리, 회계 등의 활동이 이루어지고 있으나 재무관리는 오직 자금관리만을 주요 업무로 다루고 있다.

둘째, 재무관리는 영리조직인 기업을 주요 대상으로 하고 있다.

자금관리는 가정이나 학교, 정부, 종교기관 등의 비영리조직에서도 필요로 하고 있으나 재무관리는 영리를 추구하고자 조직을 운영하는 기업의 자금관리를 주요 대상으로 다루고 있다.

셋째, 자금관리를 위해 효율성이 추구되어야 한다.

우리가 살고 있는 사회는 우리의 욕구를 충족시키기에 재화의 양이 한정되어 있으므로 재화의 희소성을 극복하기 위해서는 효율성이 요구되고 한다. 따라서 자금은 대표적인 재화로서 희소성의 원칙이 적용되기 때문에 자금관리는 효율성이 추구되어야 한다.

이와 같이 재무관리는 기업의 경영활동과정에서 나타나는 자금관리와 이를 효율적으로 수행하기 위한 방법을 다루는 경영학의 한 분야로 정의하고 있다.

(3) 재무관리자의 임무

오늘날 대규모 기업들은 주식회사의 형태를 갖추고 있다. 일반적으로 주식회사에서 재무관리는 재무담당 임원이나 부서장이 담당하고 있으며 이들을 재무관리자라 부르고 있다.

기업 내에서 재무관리자가 담당하는 주요 업무는 자금을 조달하고 이를 효율적으로 운용하기 위한 의사결정과정이라 할 수 있다. 재무관리자가 기업 내에서 담당하는 주요 임무는 다음과 같다.

첫째, 기업의 자본구조에 관한 사항을 결정해야 한다.

투자에 소요되는 자금의 조달을 단기자금으로 할 것인가? 장기지금으로 할 것인가? 또는 어디에서 조달할 것인가? 주식을 발행할 것인가? 채권을 발행할 것인가? 차입으로 충당할 것인가? 등의 사항을 결정해야 한다.

둘째, 기업의 투자에 관한 사항을 결정해야 한다.

조달된 자금으로 어느 사업에 진출할 것인가? 어느 건물을 구입하고 기계와 장비는 어떻게 구입할 것인가? 광고는 어떻게 하고 종업원 교육에는 얼마나 투자할 것인가? 등의 사항을 결정해야 한다.

재무관리자는 투입되는 자금에 대해 기업가치가 극대화되는 분야를 선별하여 의사결정을 해야 한다. 즉 투입자금에 비해 산출된 현금흐름의 가치가 투자비용을 초과하는 경우에 투자가 이루어져야 한다.

셋째, 기업의 운전자본관리에 관한 사항을 결정해야 한다.

기업의 유동성을 확보하기 위해 필요한 현금과 재고자산 수준은 얼마인가? 어느 정도의 외상매출을 허용하고 어느 정도의 기간이 적당한가? 등의 사항을 결정해야 한다. 여기서 운전자본은 단기적이고 유동적이며 기업의 현금과 예금, 재고자산, 단기부채 등을 의미한다.

2. 회사기업의 형태

회사는 공동기업 형태로 영리를 목적으로 하는 생산경제 단위체이다. 회사에는 반드시 두 사람 이상의 사원이 있어야 하며 개인기업이 지니고 있는 자본의 조달력이나 경영능력의 한계를 극복하기 위해 설립된 것이라 할 수 있다.

(1) 합명회사

합명회사(general partnership)는 연대 또는 무한책임을 갖는 2인 이상의 무한책임사원이 출자하여 설립되는 회사로서 사원은 정관에 규정이 없는 한 모든 업무를 집행할 책임과 권한을 가진다. 출자는 금전 이외에 채권이나 신용 및 노무 등을 출자할 수도 있다.

회사 운영상의 의사결정이나 지분을 양도할 때에는 모든 사원의 동의가 필요하다. 인적 신뢰관계를 가진 소수의 사람들이 경영하는 사업이며 실질적으로 개인이 경영하는 조합과 비슷한 성격을 가지므로 인적 회사라고 한다.

전 사원이 인적 신뢰관계를 바탕으로 소유자 및 경영자로서의 권한과 책임을 지고 시종일관 운영에 참여하게 되는 것이다.

합명회사의 역사적인 배경은 멀리 중세의 이탈리아 및 독일의 상업도시에서 공동상속이 기원이라고 한다. 합명회사는 가족공동체적 기반 위에서 출발한 것으로 오늘날 많은 국가에서 우리나라의 경우와 달리 인적 결합에 바탕을 둔 민법상의 조합으로 운영되고 있는 실정이다.

합명회사의 장점은 개인기업의 경우와 비슷하며 다음과 같다.

- 소수 집단기업으로 경영능력과 창의를 발휘할 수 있다.
- 인적 조합의 토대 위에서 강한 단결력을 발휘할 수 있다.
- 개인기업에 비해 자본력이 크다.
- 개인기업과 같이 기업환경의 변화에 기민하게 대처할 수 있다.

합명회사의 단점은 다음과 같다.

- 모든 사원들이 무한책임을 져야 되므로 널리 출자자를 구하기 어려워 대자본을 조달하기에 부적당하다.
- 소수 기업주들의 사망이나 질병 등으로 기업의 영속성이 제약된다.

(2) 합자회사

합자회사(limited partnership)는 회사의 채무에 관하여 채권자에게 연대 · 무한의 책임을 지는 무한책임사원과 출자액을 한도로 책임을 지는 유한책임사원으로 구성되는 회사이다.

합자회사는 이원적 조직이라는 점에 특색이 있으나 인적 신뢰를 토대로 하는 조합적인 인적 회사라는 점에서 합명회사와 유사하다. 경제적 실체 면에서 무한책임사원이 경영하는 사업에 자본가가 출자하여 이익에 참여하는 기업형태로 상법상의 익명조합과 유사하다.

역사적으로 합자회사는 중세 이탈리아의 콤멘다(commenda)가 기원이라 한다. 콤멘다의 역사는 중세 지중해 연안의 도시에서 대주(commendator)인 귀족이나 지주가 차주(tractator)인 빈곤한 상인에게 자본을 위탁하여 모험적인 해상상업을 영위하여 손실이 발생한 경우 차주는 무한책임을, 대주는 출자액을 한도로 유한책임을 지기로 되어 있었다.

처음에 공동기업의 주도자는 대주였으나 이후 차주도 출자하게 되면서 점차 기업의 주도권이 대주로부터 차주로 옮겨지게 되었다. 대주는 무기능적인 유한책임 출자자로 전락하게 되었다.

회사재산의 일부에 대한 소유권을 의미하는 '소득분 자본'의 제도가 생기게 되었으며 이러한 출자관계가 바로 콤멘다였다. 이것은 점차 북방으로 전해지다가 마침내 15세기에서 17세기경 독일, 앤드워프, 암스테르담 등지에서 일반화되고 법제화되기에 이르렀다.

합자회사의 장점은 다음과 같다.

- 출자액을 한도로 책임을 지는 유한책임 사원제도에 참가할 수 있으므로 합명회사에 비해 널리 출자자를 구할 수 있다.
- 자본은 없으나 경영능력이 있는 사람이나 자본은 있으나 경영능력이 없는 사람이 결합하기에 적합하다.

합자회사의 단점은 다음과 같다.

- 합명회사와 마찬가지로 대다수 투자자를 대상으로 자본조달이 이루어지지 못하므로 대규모 기업에는 적합하지 못하다.

(3) 유한회사

유한회사(limited company)는 원칙적으로 2명 이상 50명 이내의 유한 책임사원으로 구성되는 회사이다. 유한회사는 자본금이 균등히 분할된 다수의 출자금으로 이루어지며 모든 사원은 출자금액에 한해 책임을 질 뿐 채권자에 대해서는 아무런 책임도 지지 않는 회사이다.

우리나라의 경우 출자 1좌의 금액은 5천원 이상으로 균일하게 되어 있으며 자본총액은 1천만원 이상이다. 유한회사의 특징으로는 최고 의결기관인 사원총회와 업무집행을 담당하는 이사회가 있다. 이사는 반드시 사원이 아니라도 무방하므로 전문경영자의 임용이 가능하다.

유한회사는 유한책임제, 균일분할출자제 및 전문경영제도를 채택하여 합명회사나 합자회사와 구분되는 주식회사에 접근하고 있으나 사원수가 제한되어 있고, 지분의 증권화가 불가능하며, 사원총회의 결의가 없는 한 지분의 양도가 불가능하다는 점이 주식회사와 다르다.

유한회사는 합명회사와 합자회사의 장점을 결합한 면이 있다. 유한회사는 인적 회사와 물적 회사의 양요소를 유기적으로 절충한 형태이다.

(4) 주식회사

주식회사(stock corporation)는 오늘날 기업형태 중 가장 대표적인 형태이다. 이는 사회에 산재하고 있는 여러 자본을 모아 다액의 자본조달을 가능하게 하는 회사기업 형태로 이로 인해 수많은 사람들의 자본적 참가가 쉽게 이루어질 수 있고 거액의 자본도 쉽게 조달할 수 있게 한다.

사원의 출자 및 권리, 의무의 단위로서 주식으로 분할된 출자자본이 구성되고 전 사원은 주식의 인수가액을 한도로 출자의무를 부담할 뿐 회사의 채무에 관하여는 아무런 책임도 부담하지 않는 기업제도이다.

주식회사는 주주라는 불특정 다수인으로부터 거액의 자본을 조달할 수 있으며 또한 조달된 자본은 출자자인 주주로부터 독립하여 전문경영자에 의해 운영되고 있다. 주식회사는 대규모 경영을 특징으로 하는 현대 산업사회에서 전형적인 기업형태를 대표하고 있다.

1) 주식회사의 특징

① 자본의 증권화제도

경영자는 기업자본이 영구자본으로 이용되기를 원한다. 그러나 투자가는 투하자본이 영구히 고정화되는 것을 원치 않는다. 이와 같이 상호 배반되는 양측의 요구를 충족시키기 위해 고안된 것이 자본의 증권화제도이다.

주식회사의 자본금은 주식이라는 유가증권을 발행하여 주주에게 매각함으로써 조달된다. 주식은 1주당 액면가가 5,000원으로 균일해야 하고 자본금은 5천만원 이상이어야 한다. 주식을 매입한 주주는 출자자로서의 권한인 주주권을 가지게 된다.

주주권에는 자익권(이익배당청구권, 잔여재산분배청구권)과 공익권(주주총회 소집청구권, 회사 장부의 열람청구권)이 있다. 주식은 유가증권으로서 매매양도가 가능하며 회사에 참여와 탈퇴가 자유롭기 때문에 출자자의 편익을 크게 도모한다.

이러한 특성 때문에 주식회사는 자본조달이 용이하고 규모를 크게 확대시킬 수 있다. 상법에서는 주식회사의 특성을 유지하기 위한 자본에 관한 3원칙인 자본확정의 원칙, 자본유지의 원칙, 자본충실의 원칙을 두고 있다.

② 유한책임제도

주식회사의 특징은 유한책임제도이다. 주주가 회사의 자본위험에서 발생하는 사회채무에 대해 자기가 출자한 자본의 한도, 즉 자신이 인수한 매입주식의 액면의 범위 내에서만 채무변제의 책임을 지게 된다. 그래서 주주개인이 사유재산에 대한 채무변제의 책임이 면제된다. 이는 주주의 출자에 대한 책임의 한계를 가볍게 하는 것으로 주주의 투자유도를 보다 쉽게 하여 대규모 자본조달을 용이하게 한다.

법적 실체로서 주식회사는 자체의 재산확보를 확실히 할 수 있도록 자본확정과 자본충실 및 자본유지의 원칙을 법으로 강요하고 있다.

③ 소유와 경영의 분리

출자자인 주주는 사업주주, 투자주주, 투기주주의 세 종류가 있다. 사업주주는 출자의 목적이 사업에 참여하는 것이고, 투자주주는 투자의 목적이 이익배당의 취득과 주식시세 차이에 의한 이익획득에 있으며, 투기주주는 출자의 목적이 주식시세 차이에 의한 이익획득에 있다.

오늘날 주식회사의 출자형태를 보면 투자주주나 투기주주가 많으며 이들이 경영에 참여를 원치 않아 자연적으로 소유와 경영이 분리되고 있다. 주식회사 경영의 참가자도 과거의 소유경영자 형태에서 고용경영자의 형태로 진전되어 오늘날 전문경영자가 출현하게 되었다.

전문경영자에 의한 경영활동의 수행으로 소유와 경영의 분리를 가속화시키고 있다. 자본주의가 자본가 사회로부터 경영자 사회로 이전되어 가는 현상을 번햄(Burnham, J.)은 '경영자 혁명론'으로 설명하고 있다.

2) 주식회사의 기구

① 주주총회

주주총회는 주주로서 행사할 수 있는 권한의 범위 내에서 회사의 중요안건 처리에 참가하는 주식회사 최고의 의사결정기관이다.

주주로서 의사결정권은 법령과 정관에 정하는 사항으로 정관의 변경, 자본의 증감, 영업의 양도·양수·합병, 이사, 감사, 검사인, 청산인의 선임에 관한 사항 등이 있다.

총회는 소집시기에 따라 정기총회와 임시총회로 나눈다. 정기총회는 매년 1회 일정한 시기에 소집하고 임시총회는 연 2회 이상의 결산기를 정한 회사는 매기에 총회를 소집하며 필요한 경우에는 수시로 소집한다.

② 이사 및 이사회

이사(directors)는 주주총회에서 선임한다. 이사는 3인 이상이어야 하며 임기는 3년이다. 이사의 선임은 주주총회의 전속권한이므로 정관의 규정이나 주주총회의 특별결의로도 이사의 선임을 제3자나 타 기관에 위임하지 못한다.

이사회는 회사의 업무집행에 관한 의사를 결정하기 위하여 이사전원으로 구성되는 주식회사의 상설기관이다. 활동은 정기 또는 임시회의가 있으며 법령이나 정관에 의해 주주총회의 권한으로 되어 있는 것을 제외하고는 회사의 업무집행에 관한 모든 의사결정권이 있다.

③ 감 사

감사(auditors)는 회사의 회계감사 및 업무감사를 임무로 하는 필요상설기관이며 주주총회에서 선임한다. 임기는 취임 후 2년 내의 최종 결산기에 관한 정기총회의 종결 시까지로 되어 있고 인원수는 제한이 없다.

감사는 직무집행상 전문적인 지식과 경험이 필요하다. 회사의 건전한 운영과 주주 및 회사의 채권자 보호를 강화한다는 취지에서 상법은 감사의 임기를 2년으로 하고 직무권한도 확대하여 감사의 업무 감사권을 인정함으로써 법적 지위를 강화하고 있다.

④ 고 문

고문(advisor) 제도는 회사가 필요에 따라 설치하는 조언기관으로서 회사의 유공자였던 인사에 보답한다는 의미에서 설치되는 수가 있다. 법률적 의미는 없으나 배후의 실력자로서 행사하는 경우도 있다.

과거 사장직을 역임한 경력자라든가 학식경험이 풍부한 지명인사, 국가 또는 금융기관의 특별추천으로 선임되는 수도 있다. 고문에는 법률고문, 경제고문, 기술고문 등과 같이 전문분야에 대한 상담과 조언을 하는 것이 보통이다.

⑤ 사외이사

사외이사(outside director)는 외부중역이나 사외중역이라 부른다. 형식적으로 비상근이사를 가리키는 경우와 내용적으로 사외적인 입장에서 참가하는 이사를 가리키는 경우도 있다. 비상근이사는 한 달에 한 번 정도 개최되는 이사회에만 출석하는 이사를 말한다.

사외이사는 사회적 입장에서 광범위한 경험과 전문적 식견을 바탕으로 의사결정에 참여하여 기본방침의 설정에 기여하고 사장 내지 경영자의 독선적인 지배를 시정하는 직능을 수행한다. 사회적으로 제도화되어 사회적 책임을 다하고, 공공성을 강하게 가지는 현대기업의 경우 중요한 직능을 수행하게 된다.

3) 주식 대중화와 기업공개 정책

① 기업공개와 자본시장 육성

우리나라는 기업공개와 자본시장육성을 위한 노력을 계속하고 있다. 기업의 민주화와 경영합리화에 이바지하고 주식분산을 통해 주식대중화와 소득재분배로 근로자의 재산형성을 위한 정책이다.

종업원지주제도를 위해 정책적으로 유도하고 이에 따른 지원방안을 마련하는 것은 우리나라 기업풍토에 커다란 전기를 마련한 것으로 국민경제적 의의가 매우 크다 할 것이다.

종업원지주제도를 확대하는 방안으로 우리사주조합제를 채택하여 많은 기업에서 실시하고 있다. 비공개기업에까지 확대하여 비공개기업의 공개촉진, 근로자의 재산형성과 저축의 증대, 노사간 협조 등을 도모하고 있다.

② 종업원지주제도

기업이 종업원에게 우리사주를 갖도록 하는 제도로서 이점은 다음과 같다.

- 근로자의 소유의식이나 경영참여 의식 증대
- 기업에 대한 충성심과 근로의욕을 높이고 이직률 감소
- 저축의 장려
- 경영효율을 나타내는 척도(이윤 등)에 대한 관심과 협력적인 태도
- 자본주의의 번영과 종업원과의 이해 일치
- 정치 · 경제에 대한 경영의 외부환경 관심
- 회사의 자본조달 범위의 확대에 대한 강한 관심
- 제3자에 의한 회사탈취의 방지(경영권의 안정)
- 퇴직금제도의 보완
- 경영민주화의 실현

종업원의 우리사주 취득방법은 다음과 같다.

- 유상 또는 무상에 의한 증여
- 공로주에 의한 부여
- 주식 구입의 원조방식
- 이윤분배제에 의한 분배이윤

종업원의 개별참여방식과 지주제도를 위해 종업원의 단체(우리사주조합)를 조직하여 운영하는 공동참여방식이 있다. 이 제도는 종업원 주식매입제도 또는 종업원 주식참여제도라 한다.

3. 금융시장의 이해

금융시장의 주요 기능은 여유자금을 가진 사람과 자금을 필요로 하는 사람을 서로 서로 연결시켜 자금이 이전하도록 하는 역할이다. 이 기능은 경제활동을 활성화하여 경제발전에 중요한 기반이 되고 있으며 금융시장의 발전은 경제의 효율성과 복리증진 향상에 중대한 역할을 담당하고 있다.

(1) 금융시장의 기능

금융시장은 여유자금을 가진 저축자(대출자)와 자금이 부족한 소비자(차입자)를 연결시키는 과정에서 크게 두 가지 자금의 이동경로가 나타나고 있다.

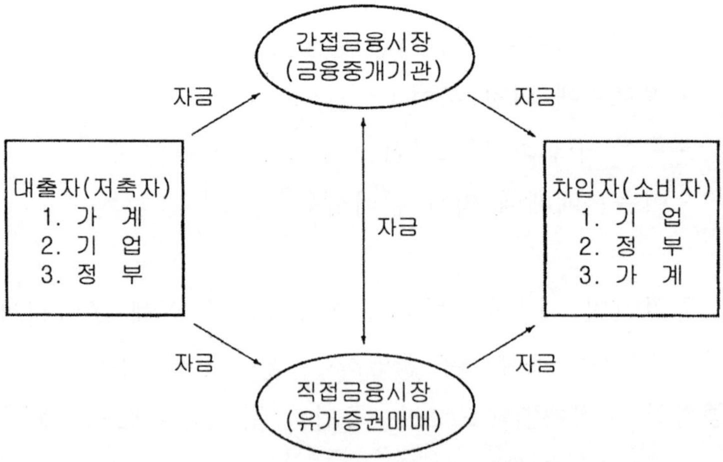

[그림 1-1] 금융시장의 자금이동경로

첫째는 차입자가 직접 금융시장을 통해 증권(주식 및 채권)을 대출자에게 팔아 자금을 조달하는 직접금융시장으로 자본시장이 이에 속한다. 둘째는 은행 등 금융중개기관을 통해 자금이 이전되는 간접금융시장으로 저축을 통해 기업이 필요로 하는 사업자금을 제공하고 있다.

(2) 금융시장의 구분

금융시장은 구분기준에 따라 다음과 같이 설명할 수 있다.

1) 채권시장과 주식시장 : 조달방법에 따라

채권은 차입자가 만기일에 일정 금액의 원리금을 지급하겠다는 계약증서로서 가장 일반적인 자금조달수단이다. 주식은 기업의 이익과 자산에 대한 일정 비율의 청구권을 나타내며 주식 소유자에게 배당이 주어진다.

2) 화폐시장과 자본시장 : 만기에 따라

화폐시장에는 만기 1년 이하의 단기채권이나 유동성이 높은 단기성 금융상품이 거래되고 자본시장에는 중·장기 채권이나 주식 등 장기성 증권들이 거래된다.

3) 발행시장과 유통시장

발행시장은 새로 발행된 증권(채권, 주식)이 발행기업이나 정부로부터 투자자에게 구매되기까지의 과정을 말한다. 새로 발행되는 증권은 발행자로부터 구매자에게 직접 이전되기도 하지만 대부분 투자은행인 증권회사를 통해 이전된다.

유통시장은 이미 발행된 증권이 거래되는 시장을 말한다. 유통시장은 증권의 유동성을 제고시켜 증권에 대한 수요를 촉진시키고 발행시장에서 기업이 자금을 조달할 수 있도록 도움을 준다.

4) 거래소시장과 장외시장

거래소시장은 증권의 매도자 및 매수자 등이 일정한 장소에 모여 거래하는 장소를 말한다. 미국의 NYSE(New York Stock Exchange)나 한국의 증권거래소가 거래소시장에 속한다.

장외시장(OTC)은 서로 다른 장소에 있는 딜러들이 자신의 계정으로 증권을 구매하여 보유하고 있다가 원하는 가격이 나타나면 직접 거래에 참여하는 시장을 말한다. 미국의 나스닥이나 한국의 코스닥, 대부분 장외채권시장이 장외시장에 속한다.

제3시장은 보통 거래소에 상장된 증권을 장외에서 거래하는 것을 말한다. 우리나라의 경우 '장외주식호가중개시장'으로 부르며, 거래소나 코스닥의 등록조건을 충족시키기 어려운 기업이 발행한 주식이나 거래소에서 상장폐지된 주식들을 모아 거래할 수 있게 한 시장이다.

제4시장은 기관투자자들이 중개수수료 절약을 위해 브로커나 딜러를 거치지 않고 직접 거래하는 것을 말한다. 주식시장의 거래시간이 종료된 이후 시간외거래가 이에 속한다.

(3) 화폐시장

금융시장은 거래되는 금융자산의 종류에 따라 화폐시장(money

market)과 자본시장(capital market)으로 분류한다. 자본시장에는 주식과 중·장기 채권이 있으며 화폐시장은 이용기간이 1년 이하이고 신용도가 높은 금융상품이 거래되는 시장을 말한다.

1) 화폐시장의 이해

화폐시장은 이용기간이 단기이고 90일 이하의 만기를 가진 금융자산의 거래가 많아 가격변동 위험이 작다. 또한 신용도가 높은 기업이나 금융기관, 정부가 주로 발행하고 있어 신용위험 역시 작다.

정부나 금융기관, 기업은 단기운영자금이 부족하거나 일시적으로 현금잉여분이 발생할 때 화폐시장에서 금융자산을 매도하거나 매입한다. 화폐시장은 단기성 금융자산이 거래되고 있으며 유동성을 신속하게 조절할 수 있어 자금운용의 효율성을 높여준다.

2) 단기국공채

정부나 지방자치단체가 발행하는 채권으로 1년 이하의 만기를 가지고 있으며 정부발행의 재정증권(T-Bill)이 이에 속한다. 우리나라 재정증권은 액면 또는 할인방식으로 발행되며 상환기간은 1년으로 되어 있다.

미국 재무성의 재정증권은 3, 6, 12개월 만기 할인채로 발행되고 거래량이 많으며 미국 연방정부가 지급보증을 하기 때문에 유동성과 안전성이 가장 높은 금융상품으로 알려져 있다.

3) 양도성예금증서

양도성예금증서(CD)는 정기예금증서를 타인에게 양도할 수 있게 하여 정기예금에 유동성을 부여한 것이다. 은행에 정기예금하면 은

행은 예탁자에게 정기예금증서를 교부하게 되고 일정 기간 후에 원금과 이자를 상환받게 된다. 이처럼 양도 가능한 예금증서를 양도성예금증서라 하며 만기는 최소 30일에서 보통 1년까지이다.

4) 기업어음

기업어음(CP)은 신용도가 높은 대기업이 자금을 조달하기 위해 발행하는 만기 1년 이내의 약속어음을 말한다. 기업이 자기신용을 바탕으로 비교적 간편한 절차에 따라 단기자금을 조달할 수 있는 수단이다. 기업이 발행한 기업어음을 금융기관이 할인하여 보유하거나 투자자에게 매출하는 방식으로 거래가 이루어진다.

5) 환매조건부채권

환매조건부채권(RP)은 매도자가 일정 기간 후 일정 가격으로 동일 채권을 다시 매수할 것을 조건으로 매도하는 채권을 말한다. RP 매수자는 보유채권을 담보로 비교적 쉽게 단기자금을 조달할 수 있고 투자자는 위험부담 없이 높은 금리로 자금운용이 가능할 수 있다.

6) 콜 자 금

콜자금(call loan)은 금융기관 상호간에 일시적인 자금의 과부족을 조절하기 위한 수단이다. 은행에서 지불준비금 요건을 충족시키거나 대출자금을 조달하기 위한 용도로 시작되어 비은행금융기관 등에서 단기자금시장으로 발전해 왔다.

콜자금 만기는 30일 이내로 제한되어 있으나 대부분 하루 정도의 초단기물이 주종을 이루고 있다. 은행 간 콜거래는 대부분 직거래 방식으로 형성되며, 비은행권 콜거래는 콜자금을 공급하는 콜론기관과 콜자금을 차입하는 콜머니기관이 연결되는 중개거래 형태로 이루어진다.

7) 표지어음

표지어음(cover bill)은 금융기관이 보유하고 있는 상업어음이나 무역어음 등을 분할·통합하여 새롭게 발행한 약속어음으로 발행기관은 금융기관이다.

4. 재무관리의 목표

재무관리의 목표는 기업가치의 극대화이며 기업이 이익을 산출하여 주주의 부를 증가시키는 것을 말한다. 여기서 기업가치는 투자결정을 통하여 기업이 벌어들일 미래의 기대현금흐름을 실현시기와 불확실성을 적절히 고려하여 할인한 현재가치의 합으로 산출한다.

$$V = \sum_{t=1}^{n} \frac{CF}{(1+k)^t} \tag{1-1}$$

여기서, V : 기업가치

CF : 미래현금흐름

k : 할인율

위 식 (1-1)에서 기업가치(Value)는 미래현금흐름(Cash Flow)을 일정 기간 적절한 할인율(k)로 할인하여 산출한다.

기업가치의 극대화는 두 가지 측면에서 살펴볼 수 있다. 하나는 대차대조표의 차변인 자산의 운용 측면에서 살펴보는 것이고 또 다른 하나는 대차대조표의 대변인 주주의 부의 극대화 측면에서 살펴보는 것이다.

먼저 차변인 자산 운용의 측면에서 보면 기업은 일정 기간 자산을 운용하여 현금흐름을 얻게 된다. 이러한 현금흐름은 기업가치를 결정하는 요소가 되는데 식 (1-1)과 같이 계산하여 산출하게 된다.

다음으로 대변인 주주의 부의 극대화 측면에서 보면 대차대조표는 항상 차변과 대변이 일치하므로 주식가치와 부채가치의 합으로 산출하게 된다. 따라서 기업가치의 극대화는 주주와 채권자의 부를 극대화시키는 것을 의미한다. 그러나 재무관리자의 의사결정이 채권자의 부에 매우 작은 영향을 주게 되므로 주주의 부의 극대화가 기업가치의 극대화라고 볼 수 있다.

주주의 부는 주가에 발행주식수를 곱하여 산출하는데 발행주식수가 일정 기간 동일하다고 보았을 때 주주의 부는 주가의 상승으로 나타나게 된다. 즉 주가상승이 주주의 부를 증가시키고 기업가치를 극대화시키는 것으로 정리해 볼 수 있다.

제2장

재무제표의 이해

1. 대차대조표
2. 손익계산서
3. 현금흐름표

재기업의 경영성과와 재무상태를 파악하기 위해서는 기업이 작성하여 공표하고 있는 대차대조표와 손익계산서 그리고 현금흐름표 등 주요 재무제표를 살펴보아야 한다.

1. 대차대조표

대차대조표는 일정 시점에서 기업의 재산상태를 나타내는 표이다. 재무상태는 일정 시점에서 자산과 부채 그리고 자본의 구성과 크기를 나타내고 있다.

(1) 대차대조표의 구성

대차대조표는 일정 시점에서 기업이 소유하고 있는 자산과 부채의 내역을 표시하고 있으며 자산과 부채의 차액인 자기자본을 표시하여 기업의 재산상태를 자세히 나타내고 있다.

〈표 2-1〉 대차대조표의 기본양식

총 자 산	부채와 자본
Ⅰ. 유동자산 · 현금 및 예금 · 유가증권 · 매출채권 · 재고자산 Ⅱ. 고정자산 · 유형자산 · 무형자산 · 투자자산	Ⅰ. 유동부채 · 매입채무 · 단기차입금 Ⅱ. 장기부채 · 사채 · 장기차입금 Ⅲ. 자본 · 자본금 · 자본잉여금 · 이익잉여금

대차대조표의 왼쪽은 자산항목을, 오른쪽은 부채와 주주의 지분을 표시하고 있다. 대차대조표는 왼쪽의 총자산과 오른쪽의 부채와 자본의 합이 항상 일치해야 하는데 이를 대차대조표 등식이라 한다.

자산은 1년 이내에 현금화가 가능한 유동자산과 현금화가 1년 이상 걸리는 고정자산으로 구성되어 있다. 유동자산에는 현금 및 예금, 유가증권, 매출채권(외상매출금과 받을 어음), 재고자산 등이 있으며 유동성이 높은 순으로 나타낸다.

고정자산은 유형자산, 무형자산, 투자자산으로 구분한다. 유형자산에는 건물, 토지, 기계설비, 자동차, 컴퓨터 등이 있으며 무형자산에는 상표권, 영업권, 특허권, 의장권, 어업권, 광업권 등이 있고 투자자산에는 출자금, 주식, 사채 등이 있다.

부채는 미래에 상환해야 하는 채무를 말하는 것으로 1년 이내에 상환해야 하는 유동부채와 1년 이상 걸리는 장기부채로 구성되어 있다. 유동부채에는 외상대금, 단기차입금, 급한 어음 등이 있으며 장기부채에는 사채, 장기차입금, 관계회사 차입금 등이 있다.

자본은 총자산에서 부채를 차감한 나머지로 자본금, 자본잉여금, 이익잉여금으로 구성되어 있다.

자본금은 기업을 설립할 때 주주들이 출자한 금액으로 회계학에서는 발행주식수에 주당 액면가를 곱한 금액을 말한다. 자본잉여금은 자본거래에 따라 발생하는 잉여금으로 자본준비금, 재평가적립금, 국고보조금, 주식발행초과금 등이 있다. 이익잉여금은 영업 활동으로 얻은 잉여금으로 이익준비금, 임의적립금, 이월이익금, 당기순이익 등이 있다.

예제 1 커피 2,000원을 구입하기 위해 지갑을 보니 1,500원이 있다. 친구에게 1,000원을 빌려 커피를 구입하고 거스름 500원을 받았다. 이를 대차대조표 상에 작성해 보아라.

[해답]

자산		자본+부채	
커피	2,000원	자기자본	1,500원
현금	500원	타인자본	1,000원
	2,500원		2,500원

자산(2,500원) = 자본(1,500원) + 부채(1,000원)

(2) 유 동 성

유동성은 기업의 자산이 손실 없이 현금으로 전환되는 속도와 안전성의 정도를 나타낸다. 개인이 재산 증식을 목적으로 주식이나 부동산을 선택하게 되는데 주식은 비교적 유동성이 높지만 부동산은 주식에 비해 다소 유동성이 떨어진다.

지금 당장 현금이 필요한 경우 주식의 경우 큰 손실 없이 현금으로 전환할 수 있으나 부동산의 경우 주식에 비해 유동성이 떨어지므로 손실을 입을 수도 있다. 이와 같이 투자자가 원하는 시기에 현금으로 전환할 수 있는 정도를 유동성이라 부른다. 일반적으로 현금은 가장 유동성이 높은 자산이기 때문에 유동성의 개념을 현금과 같은 의미로 사용하기도 한다.

유동성이 높은 현금의 경우 계속 보유하고 있으면 원금 그대로 남게 되어 수익이 전혀 발생하지 않는다. 반면 유동성이 낮은 부동산의 경우 부동산 가격이 상승하게 되면 수익이 발생하게 된다. 유동성을 선호하게 되면 그만큼 다른 투자에 의한 이익을 포기해야만 한다. 따라서 유동성이 높으면 재무적 위험은 감소하지만 그만큼 수익성이 낮아지게 된다.

기업에서 유동성은 순운전자본으로 인식하고 있으며 순운전자본은 유동자산에서 유동부채를 차감한 금액을 말한다. 순운전자본이 양의 값을 가지면 향후 1년 동안 유동자산이 유동부채에 비해 많아 유동성이 확보되어 있다는 것을 의미한다. 재무상태가 건전한 기업이란 유동자산이 유동부채에 비해 많아 순운전자본이 양의 값을 갖는 기업을 말한다.

대차대조표에서 자산은 유동성 배열법에 의해 유동자산을 위에 표시하고 고정자산을 아래에 나열하는 것이 일반적이다. 유동자산의 경우 유동성이 높은 현금과 예금을 위쪽에 표시하고 유가증권, 매출채권, 재고자산 등 유동성이 낮아지는 순으로 표시한다. 고정자산의 경우 유형자산이나 무형자산 모두 현금화가 어려우므로 비유동자산으로 인식하고 있다.

(3) 장부가치와 시장가치

장부가치는 재산을 구입하였을 때의 가격으로 구매비, 직접구입비, 일반영업비 등이 있다. 시장가치는 현재 시장에서 판매되는 현재가치로 수익력 평가에 사용한다.

장부가치는 대차대조표에서 기업자산을 의미하고 있으나 기업의 실제가치를 나타내는 것은 아니다. 그 이유는 자산을 구입한 이후 기간이 얼마나 지났는지에 따라 현재가치가 변하기 때문이다.

유동자산은 기간이 1년 미만이므로 장부가치와 시장가치의 차이가 크지 않지만 고정자산은 기간이 1년 이상이므로 크게 차이가 나타날 수 있다.

예를 들어 과거에 주식을 매수하였다면 당시 매수가격은 장부가치가 되는 것이고 오늘날 주식가격이 크게 상승하였거나 하락한 경우에는 현재 주가인 시장가치가 당시 장부가치에 비해 크게 높아졌거나 낮아지게 된다. 일반적으로 그 기간이 길면 길수록 장부가치와 시장가치의 차이는 커진다고 보아야 할 것이다.

하지만 대차대조표에는 자산을 언제 구입하였는지 또는 현재가치가 얼마인지와 관계없이 자산을 구입하던 당시에 지불한 장부가치로 기록하게 되어 있다.

예제 2 대박기업의 주식을 10년 전에 주당 5만원에 100주 매수하였는데 현재 주당 20만원이다. 이때 장부가치와 시장가치는 얼마인가?

[해답]

장부가치 : 5만원 × 100주 = 500만원

시장가치 : 20만원 × 100주 = 2,000만원

대차대조표는 거래 공급자에게 그 기업의 현금 지불능력을 알려주는 외상매입금 규모를 알려준다. 채권자에게는 그 기업의 채무변제능력을 파악할 수 있도록 유동성에 관한 정보를 알려준다. 재무관리자에게는 기업의 현금 보유액과 재고자산의 규모 등에 관한 정보를 알려준다.

반면 대차대조표에는 기업의 숨어 있는 자산가치인 이미지나 상표, 명성, 유능한 관리자나 종업원 등은 표시하지 못하고 있다.

대차대조표에 있는 총자산은 장부가치로 표시되어 있어 시장가치와 다소 차이가 있을 수 있다.

또한 대차대조표에서 자본금의 장부가치와 시장가치에도 많은 차이가 나타날 수 있다. 투자자가 기업가치를 추정할 때는 시장가치를 보는 것이 바람직하다. 재무관리의 목표가 기업가치의 극대화라 하면 여기서 기업가치는 시장가치를 뜻하는 것이고 시장가치는 주식의 시장가치를 말하는 것이다.

2. 손익계산서

일정 기간 동안 발생한 수익과 비용을 표시하여 기업의 경영성과를 명시하는 계산서로써 대차대조표와 더불어 재무제표에서 주요한 부분을 차지하고 있다.

(1) 손익계산서의 구성

재무제표에서 대차대조표는 일정 시점 기업의 재산상태를 표시하는 반면 손익계산서는 일정 기간(보통 1년) 동안의 영업성과인 수익과 비용을 기록하고 있다. 영업성과는 이익의 크기이며 수익에서 비용을 공제한 금액으로 나타낸다.

손익계산서는 크게 영업이익과 영업손실, 영업외 수익과 비용, 법인세, 당기순이익 등 4부분으로 구분되어 있다.

손익계산서에서 수익은 일정 기간 동안 생산한 제품의 매출액으로 경기상황과 환경변화 등의 요인에 의해 변동될 수 있으며 영업외 수익과 특별이익 등이 있다. 손익계산서에서 비용은 매출원가와 판매비 및 관리비, 영업외 비용, 특별손실, 법인세 비용 등이 있다. 손익계산서에서 이익은 매출총이익과 영업이익, 경상이익, 법인세 비용차감전 순이익, 당기순이익 등이 있다.

〈표 2-2〉 손익계산서의 기본양식

Ⅰ. 매출액
Ⅱ. 매출원가
  기초상품 재고액 + 당기매입액 − 기말상품 재고액
Ⅲ. 매출총이익(매출총손실)
Ⅳ. 판매비 및 관리비
  급여
  임차료
  접대비
  감가상각비
  광고선전비
  대손상각비 등
Ⅴ. 영업이익(영업손실)
Ⅵ. 영업외 수익
  이익수익
  임대료
  유가증권처분 및 평가이익
  외환차익 등
Ⅶ. 영업외 비용
  이자비용
  유가증권처분 및 평가손실
  재고자산 평가손실
  외환차손 등
Ⅷ. 경상이익(경상손실)
Ⅸ. 특별이익(특별손실)
  채무변제이익
  재해손실 등
Ⅹ. 법인세 비용차감전 순이익(순손실)
Ⅺ. 법인세 비용
Ⅻ. 당기순이익(당기순손실)

(2) 손익계산서의 이용

손익계산서는 이용 목적에 따라 업적주의와 포괄주의에 기초를 두고 작성하며 각각의 장단점이 있으므로 이용 목적에 따라 선별하여 사용한다.

업적주의 손익계산서는 당기의 주요 경영활동과 부수적인 활동에서 발생하는 손익항목만을 계상하여 경영성적과 발생경로를 바르게 표시하는 데 목적을 두고 있다. 이 경우 주요 경영활동과 직접 관련이 없는 손익항목은 제외시킨다.

포괄주의 손익계산서는 업적주의에 의해 계상된 경영성적에 특별손익인 임시손익과 전기손익수정액 등을 포함한다. 즉 경영손익에 특별이익을 더하고 특별손실을 차감하여 순손익을 표시한다.

손익계산서를 이용할 때 재무관리자는 회계기준, 현금항목과 비현금항목 등의 요소를 살펴보아야 한다.

첫째, 회계기준에 대해 살펴보자.

손익계산서를 작성할 때 수익과 비용은 발생주의로 인식하고 있다. 수익은 수익을 인식할 정도의 경제적 행위가 발생하거나 비용은 수익창출로 인해 지출이 발생하는 경우 비용으로 인식한다.

손익계산서에서 비용은 대응의 원칙으로 인식한다. 수익과 비용은 발생원천에 따라 정확하게 분류하고 수익항목에 대응하여 비용항목을 인식하고 표시하는 것이 대응의 원칙이다. 수익과 비용의 발생은 동일 기간으로 인식한다.

예전에 사용하던 현금주의 회계는 현금이 유입되면 수익으로 인식하고 현금이 유출되면 비용으로 인식하는 것이다. 그러나 오늘날 회계는 수익과 비용으로 인식할 정도의 경제적 행위가 발생

했느냐에 따라 수익과 비용을 인식하고 있다.

예를 들어, 비용의 인식은 임금이 지급되거나, 작업이 완료되거나, 제품이 생산되었을 경우가 아니라 노동력 제공이나 제품 판매 등으로 인해 수익을 얻도록 실제로 기여했을 때 비용으로 인식하는 것이다.

또한 제품을 생산하여 외상으로 판매하였다면 이 경우 수익은 판매시점에서 인식되고 생산과 판매에 대한 비용도 판매시점에서 인식하게 된다. 현금흐름은 판매시점과 다르므로 수익과 비용이 발생하는 시점과 다르게 나타날 수 있다.

둘째, 비현금항목에 대해 살펴보자.

손익계산서에서 수익과 비용이 현금흐름과 일치하지 않는 이유는 비현금항목이 포함되어 있기 때문이다. 그중에서 감가상각비가 중요한 부분을 차지하고 있다.

예를 들어 대박전자는 로봇기계 2대를 6년 거치 300만원에 매입하였다면 매입시점에서 현금 300만원이 유출되었다. 그러나 대박전자는 300만원을 한 번에 비용으로 처리하지 않고 6년에 걸쳐 50만원씩 차감하여 매년 비용으로 처리할 것이다.

실제 현금 유출은 매입 당시에 발생하였으나 회계상으로는 매년 50만원의 비용이 6년간 유출되는 것으로 표시한다. 따라서 손익계산서의 수익과 비용은 현금흐름과 매우 다르게 나타날 수도 있다.

예제 3 대박전자는 2008년 말 현재 10만 주의 주식을 발행하였다. 순이익이 5,500만원이고 배당이 2,000만원이라 할 때 주당이익과 주당배당을 구하여라.

[해답]

주당이익 = 5,500만원/10만 주

= 550원/주

주당배당 = 2,000만원/10만 주

= 200원/주

3. 현금흐름표

현금흐름표는 기업의 영업활동과 투자활동, 재무활동 등으로 유입된 현금흐름과 유출된 현금흐름의 내역과 차액을 나타내는 재무제표이다.

대차대조표나 손익계산서를 통해 기업의 재무현황과 영업실적 등에 관한 정보를 얻을 수 있다. 그러나 경영자나 투자자의 경우 기업의 자금조달 및 투자전략 등에 관한 정보를 얻기 위해 사업기간 중에 발생한 현금의 유입과 유출에 대해 알고 싶어 한다.

손익계산서는 일정 기간 영업성과인 수익과 비용만을 기록하고 있으나 현금흐름표는 기업의 유동성을 파악하는 데 유용하다. 유상증자, 차입금, 유가증권 및 고정자산 처분 등의 자금유입과 배당지급, 사채상환, 부동산취득 등 자금유출에 관한 정보를 표시하고 있다.

따라서 현금흐름표는 영업활동의 수행능력뿐만 아니라 현금지급능력인 유동성에 대한 평가와 투자 및 재무활동이 현금흐름에 어떠한 영향을 미치고 있는지에 관한 정보를 제공해 주고 있다.

〈표 2-3〉 현금흐름표의 기본양식(간접법)

Ⅰ. 영업활동 현금흐름
 1. 당기순이익
 2. 현금유출이 없는 비용(+) : 감가상각비, 증권평가손실, 재해손실 등
 3. 현금유입이 없는 수익(−) : 증권평가이익, 외환차익, 자산처분이익 등
 4. 영업활동에 의한 자산과 부채의 변동
  : (+)의 경우 자산감소, 부채증가
  (−)의 경우 자산감소, 부채감소

Ⅱ. 투자활동 현금흐름
 1. 현금유입 : 고정자산과 유가증권의 처분 등
 2. 현금유출 : 고정자산과 유가증권의 취득 등

Ⅲ. 재무활동 현금흐름
 1. 현금유입 : 유상증자, 사채발행, 차입금 차입 등
 2. 현금유출 : 차입금 및 사채상환, 배당금 지급 등

Ⅳ. 현금의 증감

Ⅴ. 기초 현금

Ⅵ. 기말 현금

기업의 자산에서 현금흐름은 부채와 자본에 대한 현금흐름의 합계와 일치해야 하는데 이를 현금흐름등식이라 한다. 기업의 자산에서 산출되는 현금흐름은 기업에 자금을 공급하는 채권자나 투자자에게 지급하는 현금흐름과 일치한다.

현금흐름등식에서 영업현금투자를 투자활동 현금흐름에서 분리하면 다음과 같은 등식이 성립한다.

영업활동현금흐름 − 투자활동현금흐름 − 재무활동현금흐름
(순유입(+)) (순유출(−)) (순유출(−))
= 영업현금투자

위 등식을 표로 작성하면 다음과 같다.

〈표 2-4〉 현금흐름등식의 표

영업활동 현금흐름 :	영업활동 현금유입
	− 영업활동 현금유출
투자활동 현금흐름 :	자산 매각대금 유입
	− 자산 매입자금 유출
	− 영업현금투자
재무활동 현금흐름 :	재무활동 현금유입
	− 재무활동 현금유출
	= 0

현금흐름표에서 현금흐름은 영업활동 현금흐름, 투자활동 현금흐름, 재무활동 현금흐름으로 구분하고 있다.

영업활동 현금흐름은 매일 이루어지는 기업의 생산과 판매 활동으로 인해 산출되는 현금흐름을 의미한다. 투자활동 현금흐름은 영업자산의 구입과 매각에 따른 차액으로 순지출을 의미한다.

재무활동 현금흐름은 일정 기간 채권자와 투자자에 대한 순지급을 의미한다. 채권자에 대한 현금흐름은 지급이자에서 신규 차입금을 공제하는 것이고 투자자에 대한 현금흐름은 배당지급액에서 신주발행액을 공제하는 것을 의미한다.

제3장

화폐의 시간적 가치

1. 미래가치
2. 현재가치
3. 할인율과 기간
4. 연금의 현재가치
5. 연금의 미래가치

화폐는 상품 교환가치의 척도가 되며 교환을 위한 일반화된 수단으로 사용하고 있다. 동일한 화폐라 하더라도 현재와 미래의 가치가 다르다. 미래가치를 파악하기 위해서는 이자율로 복리계산을 하며 현재가치를 평가하기 위해서는 할인율을 사용한다.

1. 미래가치

미래가치는 현재 일정한 금액이 미래 일정 시점에서 원금과 이자율을 고려한 가치가 얼마나 될지 계산하는 것을 의미한다. 현재 100만원과 1, 2년 후 100만원은 가치에서 차이가 있을 것이다.

예를 들어 저축예금 100만원을 연 10%의 이자율로 1, 2년 후 미래가치를 계산하면 다음과 같다.

1년 후 : 100만원 + 100만원 × 10% = 100만원 + 10만원 = 110만원

2년 후 : 110만원 + 110만원 × 10% = 110만원 + 11만원 = 121만원

이 되어 100만원의 1년 후 미래가치는 110만원이고 2년 후 미래가치는 121만원이 된다.

여기서 1년 후에 발생한 이자에 2년 후에 다시 이자가 붙는 방식을 복리계산이라 한다. 복리는 이자에 이자가 붙는 셈을 의미하며 이를 복리이자라 말한다. 이자에 이자가 붙지 않는 단리계산과는 구별되고 있다.

이를 식으로 표현하면 다음과 같다. P_0은 현재가치, r은 이자율, F_n을 미래가치라 할 때

1년 후 미래가치는 $F_1 = P_0(1+r)$

2년 후 미래가치는 $F_2 = P_0(1+r)^2$

같은 방법으로

$$n\text{년 후 미래가치는} \quad F_n = P_0(1+r)^n \tag{3-1}$$

의 공식이 도출된다.

예제 1 원금 100만원을 연 10%의 이자율로 저축예금에 가입하였다. 1년, 2년, 3년, 5년 후에 원금과 단리에 의한 원리합계와 복리에 의한 원리합계는 얼마인가?

[해답]

- 1년 후

  원금 : 100만원

  단리 : 100만원 × (1 + 0.1) = 110만원

  복리 : 100만원 × $(1 + 0.1)^1$ = 110만원

- 2년 후

  원금 : 100만원

  단리 : 100만원 × (1 + 0.1 × 2) = 120만원

  복리 : 100만원 × $(1 + 0.1)^2$ = 121만원

- 3년 후

  원금 : 100만원

  단리 : 100만원(1 + 0.13) = 130만원

  복리 : 100만원 × $(1 + 0.1)^3$ = 133.1만원

- 5년 후

  원금 : 100만원

  단리 : 100만원(1 + 0.15) = 150만원

  복리 : 100만원$(1 + 0.1)^3$ = 161.05만원

[그림 3-1]은 매달 20만원씩 연 10%의 이자율로 펀드에 가입한 경우 5년, 10년, 15년, 20년 후에 원금과 단리에 의한 수익률과 복리에 의한 수익률을 비교한 것이다.

그림에서 단리이자는 매년 증가율이 동일하지만 복리이자는 매년 증가율이 더 커지고 있음을 볼 수 있다. 장기투자의 미래가치는 이자율의 작은 변화에도 증가율이 크게 변동하게 된다.

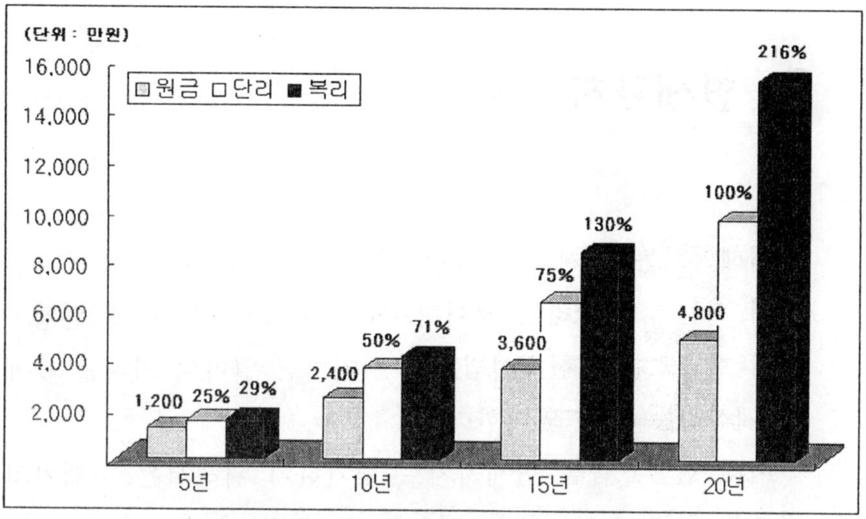

[그림 3-1] 단리와 복리에 의한 미래가치

예제 2 대박무역은 현재 1,500명의 종업원이 근무하고 있다. 해마다 종업원을 5%씩 증가시킬 계획으로 있다. 종업원은 7년 후 얼마이며 몇 명이 더 근무하고 있겠는가?

[해답]

$$1{,}500\text{명} \times (1+0.05)^7 = 1{,}500\text{명} \times 1.407 = 2{,}110\text{명}$$

7년 후 약 2,110명의 종업원이 근무하며 610명이 증가

예제 3 대박통신은 신입직원의 급여가 200만원이다. 해마다 급여를 6%씩 증가시키고자 한다면 5년 후 신입직원의 급여는 얼마나 될까?

[해답]

$$200\text{만원} \times (1+0.06)^5 = 200\text{만원} \times 1.338 = 267.6\text{만원}$$

5년 후 신입직원의 급여는 약 267.6만원이 된다.

---

2. 현재가치

미래가치는 현재의 금액이 미래 일정 시점에서 얼마의 가치를 갖게 되는지 계산하는 것이다. 반면 현재가치는 미래 일정 시점에서의 현금흐름을 현재시점으로 평가하면 얼마의 가치를 갖게 되는지 계산하는 것을 의미한다.

미래 현금흐름을 현재가치로 평가하기 위해서는 미래가치와 이자율을 알면 현재가치를 계산할 수 있다. 현재가치로 미래가치를 구하는 방법과 반대로 미래 현금흐름으로 현재가치를 구하는 과정이다.

예를 들어, 대박전자는 5년 후에 1,000만원의 장학금을 마련하고자 한다. 연 이자율 6%일 때 현재시점에서 얼마를 투자하면 되는지 계산하여 보자.

앞서 미래가치를 구하는 공식을 이용하여 현재가치를 계산해 보자. 여기서 F_n은 미래가치, r은 이자율, P_0을 현재가치라 하면

$$F_n = P_0(1+r)^n \quad \Rightarrow \quad 1{,}000\text{만원} = P_0(1+0.06)^5$$

이 된다. 현재가치

$$P_0 = 1{,}000\text{만원}/(1+0.06)^5 = 1{,}000\text{만원}/1.338 = 747.4\text{만원}$$

이 되어 현재 747.4만원을 연 6%로 투자하면 5년 후에 1,000만원의 장학금을 마련할 수 있다.

따라서 현재가치를 구하는 공식은 다음과 같다.

$$P_0 = \frac{F_n}{(1+r)^n} = F_n \times \frac{1}{(1+r)^n} \tag{3-2}$$

여기서, $1/(1+r)^n$을 현재가치 할인요소라 부르며 미래가치 이자요소 $(1+r)^n$의 역수이다.

예제 4 수학여행을 2년 후에 가기 위해 30만원이 필요하다. 연 이자율이 8%라 하면 오늘 얼마의 돈을 투자하면 되겠는가?

[해답]

$$30\text{만원} = P_0(1+0.08)^2$$

$$\Rightarrow \quad P_0 = 30\text{만원}/1.08^2 = 30\text{만원}/1.1664 = 25.72\text{만원}$$

따라서 약 25.72만원을 투자하면 된다.

이상으로 미래가치는 현재 화폐액을 이자율로 복리 계산하는 것으로 이해할 수 있으며 현재가치는 미래 현금흐름을 이자율로 할인하는 것으로 이해할 수 있다.

예제 5 자동차를 3년 후에 구입하기 위해 1,000만원이 필요하다. 현재 700만원을 연 10%로 투자한다면 얼마가 더 필요하겠는가?

[해답]

$$1{,}000\text{만원} = P_0(1+0.1)^3$$

$$\Rightarrow \quad P_0 = 1{,}000\text{만원}/1.1^3 = 1{,}000\text{만원}/1.331 = 751\text{만원}$$

따라서 751만원 − 700만원 = 51만원이 더 필요하다.

3. 할인율과 기간

현재가치와 미래가치는 미래가치요소와 현재가치요소를 두고 단순한 의존관계를 유지하고 있으며 서로 역수이다.

$$\text{미래가치요소}(FV_n) = (1+r)^t$$

$$\text{현재가치요소}(PV) = 1/(1+r)^t$$

n년 후 미래가치와 현재가치는 다음과 같다.

$$\text{미래가치}(FV_n) = PV \times (1+r)^n$$

$$\text{현재가치}(PV) = FV_n/(1+r)^n \qquad (3\text{-}3)$$

예제 6 두 가지 제안을 받았다. 하나는 3년 후에 500만원을 받는 것이고 다른 하나는 오늘 400만원을 받는 것이다. 연 이자율이 10%라 할 때 어느 제안이 경제적으로 바른 선택일까?

[해답]
오늘 400만원에 대한 3년 후 미래가치를 구해 보자.

$$400\text{만원} \times (1+0.1)^3 = 400\text{만원} \times 1.331 = 532.4\text{만원}$$

오늘 400만원은 3년 후 미래가치가 532.4만원이므로 3년 후 500만원을 받는 것보다 더 경제적인 선택이 된다.

위 예제에 대한 추가적인 설명으로 3년 후 500만원을 연 이자율 10%에서 오늘 현재가치로 평가하면 다음과 같다.

$$500\text{만원} \times [1/(1+0.1)^3] = 500\text{만원}/1.1^3$$
$$= 500\text{만원}/1.331 = 375.7\text{만원}$$

따라서 3년 후 500만원을 오늘 현재가치로 평가하면 약 375.7만원이 되어 400만원보다 약 24.3만원이 적은 것으로 나타났다.

이자율과 기간을 알고 있으면 미래가치와 현재가치를 구할 수 있다는 것을 앞에서 보았다. 기본현가식에 있는 현재가치(PV), 미래가치(FV_n), 할인율(r), 기간(n)의 네 개의 요인 중에서 어느 세 개를 알면 나머지 하나를 구할 수 있다.

$$\text{기본현가식} : PV = \frac{FV_n}{(1+r)^n}$$

이번에는 현재가치와 미래가치, 기간이 주어지고 할인율을 구해 보자.

예제 7 대박운용사는 오늘 1,500만원을 투자하면 내년에 1,650만원을 준다고 한다. 이 투자의 이자율은 얼마인가?

[해답]
현재가치 1,500만원이고 1년 후 미래가치 1,650만원이므로

$$1,650\text{만원} = 1,500\text{만원} \times (1+r)^1$$
$$r = (1,650/1,500) - 1 = 0.10 \qquad \therefore\ r = 10\%$$

기본현가식을 이용하여 할인율을 구해 보았다. 이번에는 현재가치와 미래가치, 할인율이 주어지고 투자기간에 대해 살펴보도록 하자.

예제 8 대박텔레콤은 통신타워를 설치하는 데 5,000만원이 필요하다. 오늘 2,500만원을 가지고 있다. 수익률 5% 펀드에 투자하면 얼마의 기간이 필요할까? 수익률 10% 펀드에 투자하면 얼마의 기간이 필요할까?

[해답]

① 5% 수익률의 경우

$$5{,}000\text{만원} = 2{,}500\text{만원} \times (1+0.05)^n$$
$$1.05^n = 5{,}000\text{만원}/2{,}500\text{만원} = 2$$
$$n = 15(\text{년})$$

② 10% 수익률의 경우

$$5{,}000\text{만원} = 2{,}500\text{만원} \times (1+0.10)^n$$
$$1.1^n = 5{,}000\text{만원}/2{,}500\text{만원} = 2$$
$$n = 8(\text{년})$$

4. 연금의 현재가치

연금이란 일정 기간 일정 간격으로 일정 크기의 현금흐름이 지속되는 것을 의미한다. 부동산 대출이나 자동차 할부를 받았을 경우 일정 기간 일정 금액의 현금을 지속적으로 납부하는 것과 유사한 경우이다.

예를 들어, 자동차를 구입하면서 매년 말 800만원씩 3년간 납입하기로 계약하였다. 연 이자율이 10%라면 자동차를 구입하는 데 얼마의 자금이 지급되는가? 이 경우는 3년 동안 일정 금액을 일정하게 납입하는 형태로 연금의 형태를 보이고 있다.

1년 말 : 800만원 현재가치 $=$ 800만원$/(1+0.1)^1=727.3$만원
2년 말 : 800만원 현재가치 $=$ 800만원$/(1+0.1)^2=661.2$만원
3년 말 : 800만원 현재가치 $=$ 800만원$/(1+0.1)^3=601.0$만원

현재가치 합계 $=1,989.5$만원

위 사례에서 현재 800만원이 1년 후에 727.3만원이 되고 2년 후에 661.2만원이 되고 3년 후에 601.0만원이 된다. 향후 3년간 500만원씩 납입하는 금액을 현재가치로 환산하면 약 1,989.5만원으로 평가된다. 이러한 방법으로 연금의 현재가치를 정확하게 계산할 수 있다.

기본현가식을 이용하여 일정 기간 일정 간격으로 일정 금액이 지속되는 연금의 현가공식을 산출할 수 있다. 매년 말 연금 C를 받는 경우 연금의 현재가치를 구하는 공식은 다음과 같다.

$$\text{연금의 현재가치} = C \times \frac{1-\text{현가요소}}{r}$$

$$= C \times \left[\frac{1-\dfrac{1}{(1+r)n}}{r} \right] \tag{3-4}$$

여기서, C : 연금, r : 이자율, n : 기간

위 식 (3-4)에서 $\left[\frac{1-\dfrac{1}{(1+r)n}}{r} \right]$은 연금의 현가이자요소(PVIFA)라 부른다. 위에서 살펴본 사례를 연금의 현가이자요소를 이용하여 계산해 보고자 한다.

예제 9 자동차를 구입하면서 매년 말 800만원씩 3년간 납입하기로 하였다. 연 이자율이 10%라면 자동차를 구입하는 데 총 얼마가 지급되는지를 연금의 현가이자요소를 이용하여 계산하여라.

[해답]

$$현가요소 = 1/(1+r)^n = 1/1.1^3 = 1/1.331 = 0.7513$$
$$연금현가이자요소 = (1-현가요소)/r$$
$$= (1-0.7513)/0.1$$
$$= 0.24869/0.1 = 2.4869$$

따라서 연금의 현재가치 : 800만원 × 2.4869 = 1,989.5만원

매월 일정 금액을 저축하고 나서 목돈을 만들어 부동산이나 자동차를 구입할 수도 있다. 그러나 부동산이나 자동차의 가격이 수시로 변동하게 되므로 일시에 목돈을 대출받아 먼저 구입하고 이후 매월 일정 금액을 지불해 나가는 경우를 예상해 보자.

예제10 대박항공은 항공기를 구입하고자 한다. 향후 48개월 동안 매월 500만원의 수익이 예상되고 있다. 월 이자율이 1%라면 어느 정도 대출받으면 되겠는가?

[해답]

48개월 동안 월 1%로 500만원씩 지출하는 현재가치를 구한다.

$$현가요소 = 1/(1+r)^n = 1/1.01^{48} = 0.6203$$
$$연금의\ 현가이자요소 = (1-현가요소)/r$$
$$= (1-0.6203)/0.01 = 37.97$$
$$현재가치 = 500만원 \times 37.97 = 18,985만원$$

따라서 대출이 가능한 금액은 1억 8,985만원이다.

5. 연금의 미래가치

연금의 미래가치는 일정 기간 일정 간격으로 일정 금액을 계속 지불하면 미래 일정 시점에서 어느 정도의 크기로 평가받는지를 의미한다.

예를 들어, 매년 말 10만원씩 5년간 연 10%로 연금에 납입하는 경우 5년 말 연금의 미래가치는 어느 정도 되겠는가? 이러한 연금의 미래가치의 계산은 다음과 같다.

1년 말 10만원 : 10만원 $\times (1+0.1)^4 =$ 10만원 $\times 1.4641 = 146,410$원

2년 말 10만원 : 10만원 $\times (1+0.1)^3 =$ 10만원 $\times 1.331 = 133,100$원

3년 말 10만원 : 10만원 $\times (1+0.1)^2 =$ 10만원 $\times 1.21 = 121,000$원

4년 말 10만원 : 10만원 $\times (1+0.1)^1 =$ 10만원 $\times 1.1 = 110,000$원

5년 말 10만원 : 10만원 $\times (1+0.1)^0 =$ 10만원 $\times 1 = 100,000$원

미래가치 합계 $= 610,510$원

위 사례에서 1년 말에 납입하는 10만원은 4년 동안 복리가 되어 146,410원이 되고, 2년 말에 납입하는 10만원은 3년 동안 복리가 되어 133,100원이 되고, 3년 말에 납입하는 10만원은 2년 동안 복리가 되어 121,000원이 되고, 4년 말에 납입하는 10만원은 1년 동안 복리가 되어 110,000원이 되고, 5년 말에 납입하는 10만원은 그대로 100,000원이 된다. 따라서 5년 말에 연금의 미래가치는 610,510원이 된다.

연금의 현재가치와 마찬가지로 연금의 미래가치요소도 계산할

수 있다. 매년 말 연금 C를 납입하는 경우 연금의 미래가치를 구하는 공식은 다음과 같다.

$$\text{연금의 미래가치요소} = (\text{미래요소} - 1)/r = [(1+r)^n - 1]/r$$

$$\text{연금의 미래가치} = C \times \text{연금의 미래가치요소} \qquad (3\text{-}5)$$

여기서, C : 연금, r : 이자율, n : 기간

예제 11 아파트를 구입하기 위해 5년 후 800만원이 필요하다. 앞으로 5년간 이자율 7%로 매년 150만원씩 저축한다면 800만원이 가능할까?

[해답]
먼저 미래요소를 구하고 연금의 미래가치요소를 구한다.

$$\text{미래요소} = (1+0.07)^5 = 1.07^5 = 1.403$$

$$\text{연금의 미래가치요소} = (\text{미래요소} - 1)/r = (1.403 - 1)/0.07 = 5.757$$

$$\text{연금의 미래가치} = \text{저축액} \times \text{연금의 미래가치요소} = 150\text{만원} \times 5.757 = 863.6\text{만원}$$

연금의 5년 후 미래가치가 863.6만원이 되어 목표치 800만원을 63.6만원 초과하게 된다.

이상으로 연금은 일정 기간 일정 간격으로 일정 크기의 현금흐름이 계속 지불되는 것으로 미래가치의 측정이 가능하였다. 연금의 특수한 형태의 하나로 동일한 크기의 현금흐름이 무한히 산출되는 연금을 영구연금이라 부른다.

일반적으로 영구연금의 현재가치에 이자율을 곱하면 현금흐름이 된다. 다음과 같은 공식이 된다.

$$\text{영구연금의 현재가치}(PV) \times \text{이자율}(r) = \text{현금흐름}(C)$$

따라서 영구연금의 현재가치는 다음과 같은 식으로 구할 수 있다.

$$\text{영구연금의 현재가치} = \text{현금흐름}/\text{이자율} \tag{3-6}$$

예를 들어, 100만원의 영구연금이 연 8%로 운영된다고 하자. 이 연금의 매년 현금흐름은 다음과 같이 계산된다. 100만원×0.08=8만원. 따라서 이 연금은 매년 8만원의 현금흐름이 무한히 산출된다.

현재 영구연금 100만원은 영구히 매년 8만원씩 지불되는 것과 동일한 가치를 지니는 것으로 인식할 수 있다. 이를 식으로 작성하면 다음과 같다.

$$100\text{만원} = \frac{8\text{만원}}{1.08^1} + \frac{8\text{만원}}{1.08^2} + \frac{8\text{만원}}{1.08^3} + \cdots\cdots$$

예제 12 어느 연금이 매년 100만원씩 영구히 지불되고 있다. 이 연금의 수익률은 연 5%이다. 이 영구연금의 가치는 얼마인가?

[해답]

$$\begin{aligned} \text{영구연금의 현재가치} &= \text{현금흐름}/\text{이자율} \\ &= 100\text{만원}/0.05 \\ &= 2{,}000\text{만원} \end{aligned}$$

이번에는 이자율의 복리계산의 기간효과에 대해 살펴보고자 한다. 현금 10,000원을 이자율 10%로 1년 투자하는 경우와 6개월마다 이자율 5%로 1년 투자하는 경우를 비교해 보자.

이자율 10%로 1년 투자 : 10,000원 × 1.1 = 11,000원

6개월마다 이자율 5%로 1년 투자 : 10,000원 × 1.05^2 = 11,025원

비교해 본 결과 6개월마다 이자율 5%로 1년 투자한 경우에 25원의 이자가 더 많이 산출되었다. 그 이유는 첫 6개월에서 이자 500원이, 두 번째 6개월에서 500원×0.05=25원이 더 산출되는 것으로 나타났다.

따라서 이자지급은 일정 기간 동안 복리기간이 짧을수록 미래가치가 더 커지게 된다. 예를 들어, 연간 이자율보다는 반년 단위로, 분기 단위로, 월별 단위로, 주간 단위로, 일간 단위로 산출할수록 미래가치는 더 커지게 된다.

예제 13 대박은행은 10,000원의 1년 만기 A, B, C 세 개의 금융상품을 판매하고 있다. 이들의 수익률을 비교해 보자.

A상품 : 연 수익률 12%
B상품 : 6개월마다 6%
C상품 : 3개월마다 3%

[해답]
A상품 : 10,000원 × (1 + 0.12) = 10,000원 × 1.12 = 11,200원
B상품 : 10,000원 × 1.06^2 = 10,000원 × 1.1236 = 11,236원
C상품 : 10,000원 × 1.03^4 = 10,000원 × 1.1255 = 11,255원

이자지급은 일정 기간 동안 복리기간이 짧을수록 더 커지는 것으로 나타났다.

〈표 3-1〉 연간 복리기간과 유효이자율

복리기간	복리횟수	연간유효이자율
Year	1	10.000%
Quarter	4	10.381%
Month	12	10.471%
Week	52	10.506%
Day	365	10.516%
Hour	8,760	10.5170%
Minute	525,600	10.5171%

제4장

주식과 채권의 가치평가

1. 주식의 가치평가
2. 채권의 가치평가

주식과 채권은 기업들이 필요한 자금을 조달하기 위해 발행하는 장기증권이다. 경영자나 투자자 입장에서는 기업의 증권가치를 파악하고 배당이나 자본조달 등에 의해 어떤 영향을 받는지에 대해 알고 싶어 할 것이다. 이제부터 주식과 채권의 가치를 평가하는 방법에 대해 살펴보고자 한다.

1. 주식의 가치평가

주식의 가치평가는 주식의 내재가치를 평가하는 것이다. 주식의 내재가치를 평가하기 위해서는 미래의 기대이익 및 배당을 예측해야 한다. 미래의 본질가치를 예측하여 시장가격인 주가와 비교함으로써 어떤 주식이 과소 또는 과대평가되어 있는지 분석하는 방법이다.

(1) 배당성장모형

주식의 현재가치는 미래의 현금흐름에 따르게 되는데 미래 현금흐름은 배당수익과 매각수익으로 구성된다. 그러나 주식을 영구히 보관하게 되면 주식의 미래 현금흐름은 배당수익만으로 구성하게 된다. 따라서 주식의 현재가치는 미래 배당의 현재가치의 합으로 정의된다. 이를 배당성장모형(dividend growth model)이라 하며 다음과 같이 산출된다.

먼저, 주식의 현재가치는 다음과 같이 표현한다.

$$P_0 = \frac{D_1}{1+r} + \frac{P_1}{1+r} \tag{4-1}$$

여기서, P_0 : 주식의 현재가치

D_1 : 1기 후 지급되는 배당

P_1 : 1기 후 주가

r : 요구수익률(할인율)

1기 후, 주식의 현재가치는 다음과 같다.

$$P_1 = \frac{D_2}{1+r} + \frac{P_2}{1+r} \quad (4\text{-}2)$$

P_0 식에 P_1 식을 대입하면 다음과 같다.

$$P_0 = \frac{D_1}{(1+r)^1} + \frac{D_2}{(1+r)^2} + \frac{P_2}{(1+r)^2} \quad (4\text{-}3)$$

2기 후, 3기 후, ……. 연속적으로 주식의 현재가치를 확장하여 계산할 수 있다. 이 경우 무한대로 시간을 확장하면 미래 주가의 현재가치는 제로가 된다.

따라서 주식의 현재가치는 첫 기에 시작해서 영구히 산출되는 배당수익만으로 구성된다.

$$P_0 = \frac{D_1}{(1+r)^1} + \frac{D_2}{(1+r)^2} + \cdots\cdots + \frac{D_\infty}{(1+r)^\infty} \quad (4\text{-}4)$$

배당성장모형은 영구히 산출되는 배당을 할인해서 주식의 현재가치를 구하고 있으나 모든 시점의 배당을 예측해야 하므로 현실적으로 가능성이 적다.

따라서 배당흐름에 대한 가정을 달리하여 몇 가지 단순한 패턴으로 유형화하였다.

① 배당이 일정 비율로 성장하는 경우 : 일정성장모형

② 배당이 제로 성장률을 나타내는 경우 : 제로성장모형

③ 배당이 일정 기간 후 일정 비율로 성장하는 경우 : 다단계성장모형

(2) 일정성장모형

일정성장모형(constant growth model)은 주당배당이 매년 일정한 비율(g)로 영구히 성장하는 경우로서 일명 고든(Gordon) 모형이라 부른다. 주식의 현재가치는 다음과 같이 표시한다.

$$P_0 = \frac{D_1}{(1+r)^1} + \frac{D_2}{(1+r)^2} + \cdots\cdots + \frac{D_\infty}{(1+r)^\infty}$$

$$= \frac{D_0(1+g)^1}{(1+r)^1} + \frac{D_0(1+g)^2}{(1+r)^2} + \cdots\cdots + \frac{D_0(1+g)^\infty}{(1+r)^\infty} \qquad (4\text{-}5)$$

여기서, D_0 : 현재배당

g : 배당성장률

성장률 g가 할인율 r보다 작은 경우($r>g$) 현금흐름의 현재가치를 정리하면 다음과 같다.

$$P_0 = \frac{D_0(1+g)}{r-g} = \frac{D_1}{r-g} \qquad (4\text{-}6)$$

예제 1 현재 배당이 800원, 요구수익률이 10%, 배당성장률이 5%라 한다. 이 경우 주식의 현재가치는 얼마나 될까? 5년 후 주가는 얼마나 될까?

[해답]

① 주식의 현재가치

배당이 일정 비율로 성장하는 경우이므로 식 (4-6)을 이용하여

$$주식의\ 현재가치 = \frac{800원(1+0.05)}{0.10-0.05} = 16,800원$$

② 5년 후 주가
먼저 6년 후 배당금을 구한다.

$$\begin{aligned} D_6 &= 800원 \times (1+0.05)^6 \\ &= 800원 \times 1.3401 \\ &= 1,072원 \end{aligned}$$

따라서

$$P_6 = \frac{1,072원}{0.10-0.05} = 21,440원$$

(3) 제로성장모형

제로성장모형(zero-growth model)은 기업이 성장하지 않고 미래의 배당성장률이 0%인 것으로 가정하는데, 이 경우 배당은 $D_1 = D_2 = \cdots\cdots = D$이 성립되어 항상 일정하다는 것을 나타낸다. 제로성장모형은 식 (4-6)에서 성장률 $g=0$인 경우로서 다음과 같이 나타낼 수 있다.

$$\begin{aligned} P_0 &= \frac{D}{(1+r)^1} + \frac{D}{(1+r)^2} + \cdots\cdots + \frac{D}{(1+r)^\infty} \\ &= D/r \end{aligned} \tag{4-7}$$

예제 2 대박무역은 매년 주당 1,000원의 배당을 지급하고 있다. 만일 이 배당을 무한히 유지하고 요구수익률이 8%라 하면 이 주식의 현재가치는 얼마나 될까?

[해답]

식 (4-7)에 의해 현재가치를 구한다.

$$\text{주식의 내재가치} = \frac{1{,}000\text{원}}{0.08} = 12{,}500\text{원}$$

(4) 다단계성장모형

성장률이 할인율을 초과하거나 같으면 일정성장모형에 의해 주가는 무한히 커지게 되어 현실성이 떨어지게 된다. 이 경우 일정성장모형을 사용할 수 없다. 따라서 기업의 라이프사이클에 따라 도입기, 성장기, 성숙기 등 몇 단계로 나누어 성장률 변화를 반영하는 것이 필요하다.

다단계성장모형(multiple growth model)은 현실성 있는 다양한 모형을 설계할 수 있다는 장점이 있다. 현실적인 기업의 성장패턴에 따라 2단계, 3단계 또는 4단계로 성장모형을 설계하여 기업의 내재가치를 정확하게 추정할 수 있다.

예를 들어, 첫 번째 단계에서 성장률이 g_1로 나타나고 다음 단계에서 성장률이 g_2로 일정하게 증가하는 2단계 성장모형을 가정해 보자. 이 경우 현재가치를 구하는 공식은 다음과 같다.

$$P_0 = \sum_{t=1}^{n} \frac{D_1(1+g_1)^t}{(1+r)^t} + \frac{\dfrac{D_n(1+g_2)}{r-g_2}}{(1+r)^n} \qquad (4\text{-}8)$$

예제 3 대박실업은 현재 배당을 지급하지 못하고 있다. 앞으로 5년 후 처음 배당을 지급하는데 주당 500원이 예상되고 있다. 이후 배당이 연속적으로 10%씩 성장할 것으로 예상되며 요구수익률은 20%이다. 이 주식의 현재가치는 얼마일까?

[해답]
현재 배당을 지급하지 않으므로 $D_1 = 0$이다. 또한 $g_1 = 0$, $g_2 = 0.1$, $r = 0.2$이다.

4년째 주가는 다음과 같다.

$$P_4 = D_4 \times \frac{1+g_2}{r-g_2} = \frac{D_5}{r-g_2} = \frac{500\text{원}}{0.20-0.10} = 5,000\text{원}$$

이 금액을 4년간 20% 이자율로 할인하여 현재가치를 구한다.

$$P_0 = \frac{5,000\text{원}}{1.20^4} = \frac{5,000\text{원}}{2.0736} = 2,411\text{원}$$

예제 4 대박해운은 3년간 다음과 같이 배당을 지급하고자 한다.

연 도	예상배당
1	1,000원
2	2,000원
3	3,000원

3년 후 배당은 연 10%로 일정하게 성장할 것이며 요구수익률은 20%이다. 주식의 현재가치는 얼마일까?

[해답]
① 먼저 P_3을 구한다.

$$P_3 = D_3 \times \frac{1+g}{r-g}$$

$$= 3{,}000\text{원} \times \frac{1+0.10}{0.20-0.10}$$
$$= \frac{3{,}300\text{원}}{0.10}$$
$$= 33{,}000\text{원}$$

② 각 기의 배당과 P_3을 각 기에 해당하는 할인요소로 할인하여 P_0을 구한다.

$$P_0 = \frac{D_1}{(1+r)^1} + \frac{D_2}{(1+r)^2} + \frac{D_3}{(1+r)^3} + \frac{P_3}{(1+r)^3}$$
$$= \frac{1{,}000\text{원}}{(1+0.2)^1} + \frac{2{,}000\text{원}}{(1+0.2)^2} + \frac{3{,}000\text{원}}{(1+0.2)^3} + \frac{33{,}000\text{원}}{(1+0.2)^3}$$
$$= 1{,}000\text{원} \times 0.833 + 2{,}000\text{원} \times 0.694 + 3{,}000\text{원} \times 0.579$$
$$+ 52{,}500\text{원} \times 0.579$$
$$= 34{,}355\text{원}$$

---

(5) 요구수익률의 의미

요구수익률(r)의 의미에 대해 살펴보자. 식 (4-6)에서 P_0의 공식을 다음과 같이 표현하였다.

$$P_0 = \frac{D_1}{r-g}$$

이 식을 요구수익률 r로 다시 정리하면 다음과 같다.

$$r = \frac{D_1}{P_0} + g \qquad (4\text{-}9)$$

요구수익률 r은 두 개의 요소로 구성되어 있다.

① D_1/P_0은 배당수익률이다. 예상배당을 현재가격으로 나누어 구하기 때문에 현재수익률을 나타내기도 한다.

② 또 하나는 성장률 g이다. 성장률은 자본이익률이라 하며 투자가치 성장률이라 부르기도 한다.

예제 5 주당 20,000원에 거래되는 주식이 있다. 올해 배당은 800원이지만 이후 계속 10%씩 성장할 것으로 예상하고 있다. 이 주식의 요구수익률은 얼마일까?

[해답]

$$
\begin{aligned}
r &= \text{배당수익률} + \text{자본이익률} \\
&= \frac{D_0}{P_0} + g \\
&= \frac{800\text{원}}{20{,}000\text{원}} + 10\% \\
&= 4\% + 10\% \\
&= 14\%
\end{aligned}
$$

이 주식의 수익률은 14%이다.

2. 채권의 가치평가

채권은 일정 기간에 일정 이자를 지불하고 만기일에 원금을 상환하는 조건으로 발행하는 증권이다. 채권은 주식에 비해 현금흐름을 인식하기 쉬우며 만기로 인해 투자기간이 정해져 있어 가치평가가 비교적 용이하다고 본다.

(1) 채권의 특징

채권은 정부나 주식회사 등이 투자자로부터 비교적 장기자금을 조달하면서 발행한 일종의 차용증서로서 원금과 이자의 지급조건을 표시한 유가증권이다. 채권은 법적인 제약과 보호를 받고 있으며 다음과 같은 특징을 가지고 있다.

① 확정이자부증권

채권은 발행 시에 이미 발행자가 지급해야 하는 이자와 원금의 상환금액이나 또는 그 기준이 확정되어 있다.

② 기한부증권

채권은 원금과 이자의 상환기간이 발행시점에 정해져 있는 기한부증권이다. 채권의 잔존기간이 투자결정 요소로서 그 중요성을 가지며 잔존기간에 따라 수익률에 영향을 주게 된다.

③ 이자지급증권

채권은 주식과 달리 발행자는 수익의 발행여부와 관계없이 이자를 지급해야 한다. 채권의 이자지급은 기업의 손익과 성장에 많은 영향을 주게 된다.

④ 장기증권

채권은 대부분 장기증권으로 원리금 상환 이외에도 장기적으로 존속해야 하고 유동성이 부여되어야 하므로 유통시장의 존재가 필수적이다.

(2) 채권의 가격

채권가격은 미래 발생하는 현금흐름으로 이자와 원금을 채권수익률로 할인한 현재가치의 합이다. 무위험채권의 경우 매년 말에 지급되는 이자와 만기시점에서의 액면금액의 현재합계의 합이 매입시점에서 투자자가 지불하는 채권가격이 된다.

예를 들어, 액면 10,000원인 10년 만기 채권을 발행금리 10%로 발행한다면 채권투자자는 매년 말 1,000원씩의 이자를 받고 10년째 되는 날 10,000원의 원금을 받게 된다.

채권의 가격은 다음과 같이 계산된다.

$$P_0 = \frac{I}{(1+k)} + \frac{I}{(1+k)^2} + \frac{I}{(1+k)^3} + \cdots\cdots + \frac{I+F}{(1+k)^n}$$

$$= \sum_{t=1}^{n} \frac{I}{(1+k)^t} + \frac{F}{(1+k)^n} \qquad (4\text{-}10)$$

여기서, P_0 : 채권의 현재가치

I : 이자

k : 할인율

F : 액면가(원금)

n : 잔존만기

할인율(k)은 자본시장이 균형상태에 있을 경우 동일한 위험을 갖는 모든 증권에 적용되는 시장이자율과 같다.

예제 6 대박물산은 액면금액 100만원, 액면금리 10%, 만기 3년인 회사채를 발행하였다. 만일 채권수익률이 10%라면 회사채의 현재가치는 얼마인가?

[해답]

식 (4-10)에 대입하여 현재가치를 구해 보자.

$$P_0 = \frac{10}{(1+0.1)} + \frac{10}{(1+0.1)^2} + \frac{10+100}{(1+0.1)^3} = 100(\text{만원})$$

현재가치는 100만원이다. 채권수익률과 액면금리가 같기 때문에 현재가치가 액면금액과 같게 나타난다.

예제 7 대박화학은 액면금액 100만원, 액면금리 10%, 만기 3년인 회사채를 발행하였다. 만약 채권수익률이 8%라면 회사채의 현재가치는 얼마인가?

[해답]

$$P_0 = \frac{10}{(1+0.08)} + \frac{10}{(1+0.08)^2} + \frac{10+100}{(1+0.08)^3}$$
$$= \frac{10}{1.08} + \frac{10}{1.1664} + \frac{110}{1.2597}$$
$$= 9.259 + 8.573 + 87.322 = 105(\text{만원})$$

현재가치는 105만원이다. 채권수익률이 액면금리보다 낮기 때문에 현재가치가 액면금액보다 크다.

예제 8 대박금속은 액면금액 100만원, 액면금리 10%, 만기 3년인 회사채를 발행하였다. 만약 채권수익률이 20%라면 회사채의 현재가치는 얼마인가?

[해답]

$$P_0 = \frac{10}{(1+0.2)} + \frac{10}{(1+0.2)^2} + \frac{10+100}{(1+0.2)^3}$$
$$= 10/1.2 + 10/1.44 + 110/1.728$$

$= 8.333 + 6.944 + 63.657 = 78.934$(만원)

현재가치는 78.934만원이다. 채권수익률이 표면이자율보다 높기 때문에 현재가치가 액면금액보다 작다.

(3) 채권의 가격정리

채권가격은 주로 발행시점의 채권수익률에 의해 결정되고 있으나 채권에 내재된 현금흐름, 만기까지 기간, 액면금리 등에 영향을 받고 있다. 채권가격과 이러한 요소들과의 관계에 대해 말킬(B. G. Malkiel)은 일반 원리를 밝혔는데 이를 채권의 가격정리라 부른다.

1) 채권수익률

채권가격은 수익률과 역의 방향으로 움직인다. 수익률이 상승하면 채권가격이 떨어지고 수익률이 하락하면 채권가격이 올라간다. 예를 들어, 액면금액이 10,000원이고 액면금리가 10%이며 매년 말 이자를 지급하는 회사채가 있다고 하자. 〈표 4-1〉에 보듯이 만기가 일정할 때 수익률이 상승하면 채권가격이 낮아지고 수익률이 하락하면 채권가격이 올라간다.

〈표 4-1〉 수익률 변화에 따른 채권가격의 변화(10%, 발행금리)

만기까지 기간	6%	8%	10%	12%	14%
1	10,337.4	10,184.9	10,000	9,821.9	9,649.2
3	11,069.0	10,515.1	10,000	9,519.8	9,071.6
5	11,685.4	10,798.7	10,000	9,278.8	8,627.1
7	12,233.4	11,044.4	10,000	9,086.8	8,284.3
10	12,944.1	11,342.1	10,000	8,870.2	7,913.1

수익률 변화에 따라 채권가격의 변동폭은 만기가 길어지면 커지지만 변동률은 체감적으로 증가한다. 만기가 일정할 때 수익률 하락으로 인한 가격 상승폭이 같은 폭의 수익률 상승으로 인한 가격 하락폭보다 크다.

2) 만기까지 기간

수익률이 변할 때 채권가격의 변동은 만기가 길어질수록 커진다. 장기채권이 단기채권보다 가격의 변동률이 크다. 〈표 4-1〉에서 보듯이 채권수익률 변동에 따라 10년 만기 장기채권의 가격변동이 1, 3년 단기채권에 비해 더 크다는 것을 알 수 있다. 수익률 하락 시 장기채권에 대한 투자를 증가시켜 시세차익을 극대화시킬 수 있다.

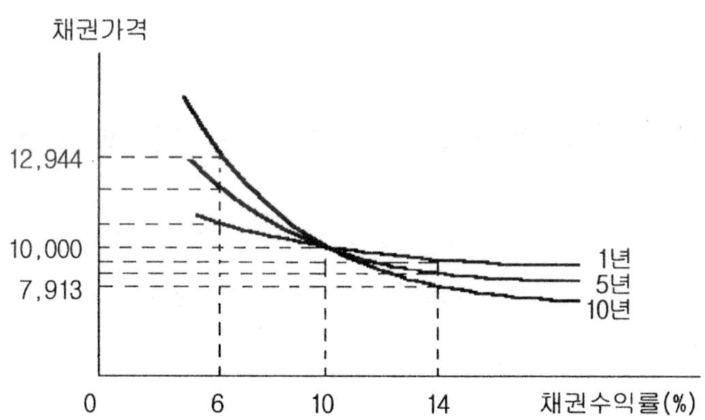

[그림 4-1] 만기에 따른 채권수익률과 채권가격

3) 액면금리

만기까지 기간이 일정할 때 수익률 변동으로 인한 채권가격의 변동률은 액면금리가 높을수록 적어지고 낮을수록 커진다. 액면금리가 낮을수록 채권가격의 변동률은 커지고 액면금리가 높을수록 가격변동률은 적어진다. 이자지급 주기가 짧아지는 경우에도 채권가격 변동률은 적어진다.

〈표 4-2〉 채권가격과 만기, 액면금리, 채권수익률의 관계

만기	액면금리	채권수익률 15%일 때 채권가격	채권수익률 10%		채권수익률 20%	
			채권가격	가격변동률	채권가격	가격변동률
3년	0%	6,428	7,435	+15.7%	5,568	−13.4%
	10%	8,809	10,000	+13.5%	7,784	−11.6%
	20%	11,190	12,564	+12.3%	10,000	−10.6%
5년	0%	4,788	6,102	+27.4%	3,768	−21.3%
	10%	8,262	10,000	+21.0%	6,884	−16.7%
	20%	11,737	13,897	+18.4%	10,000	−14.8%

(주) 관행적 방식에 의한 채권단가 계산임 (3개월 후급 이표채 기준)

4) 수익률 변동에 따른 채권가격 변동률과 만기

수익률 변동에 따라 채권가격 변동폭은 만기가 길어지면 커지지만 체감적으로 증가한다. 시세차익을 높이는 데 만기가 너무 긴 채권의 필요성이 적다는 것을 뜻한다.

5) 수익률의 변동방향과 채권가격 변동

만기가 일정할 때 수익률의 하락으로 인한 가격상승폭이 같은 폭의 수익률 상승으로 인한 가격하락폭보다 크다.

(4) 채권의 위험

채권은 만기까지 이자와 원금이 계약에 의해 확정되어 있지만 발행기업의 영업실적이 악화되어 원리금 지급불능의 위험이 나타날 수도 있다.

1) 채무불이행위험

채권은 미래의 이자와 원금이 발행시점에 결정되어 있는 확정수익채권이다. 그러나 이자와 원금이 항상 계약대로 지급되지 못하므로 채권도 위험을 갖게 된다. 이처럼 채권의 발행기업이 이자와 원금을 약속대로 지급하지 못하게 될 가능성을 채무불이행위험이라 한다.

투자자에게 채무불이행위험 등을 보상해 주기 위하여 발행기업은 위험프리미엄을 제공해 주고 있다. 채권수익률은 채무불이행위험이 커질수록 증가하게 된다.

2) 수의상환위험

채권의 종류에 따라 발행자는 만기 이전에 시장가격 또는 일정가격으로 채권을 매입하여 소각할 수 있는 권리를 계약에 명시할 수 있다. 수의상환위험은 채권 발행자가 만기 이전에 채권을 매입하여 소각할 때 나타나는 위험이다.

채권 발행자가 수의상환권을 행사하는 이유는 이자율 변동에 대응하기 위한 전략이다. 수위상환권은 발행자에게 유리하지만 투자자 입장에서는 새로운 종류의 채권을 다시 매입함으로써 재투자 손실이 발생하게 되어 불리할 수 있다.

3) 이자율위험

이자율 변동으로 채권가격이 변하는 위험으로 이자율이 상승하면 채권가격이 하락하고 이자율이 하락하면 채권가격은 상승한다.

이자율위험은 가격위험과 재투자위험으로 구분한다. 가격위험은 채권을 만기 전에 매도하는 경우 이자율 변화로 인해 채권가격이 변하는 위험이다. 재투자위험은 매입시점의 예상이자율과 다른 이자율로 재투자하여 수익이 변하는 위험이다.

이자율이 상승하면 채권가격은 하락하고 재투자수익은 상승하며 반대로 이자율이 하락하면 채권가격은 상승하고 재투자수익은 하락하게 된다.

4) 인플레이션 위험

물가상승으로 인해 발생하는 실질수익률 변동의 위험이다. 투자자들이 예상하는 미래의 인플레이션이 높을수록 채권수익률이 상승하며 동시에 채권가격은 하락한다.

예상하지 못한 인플레이션의 발생으로 인한 채권가격의 하락으로 이 위험은 물가가 안정된 경우에는 큰 영향력이 없으나 물가가 급변할 경우 주요한 위험요인으로 작용하게 된다.

제5장

재 무 분 석

1. 주가관련비율 분석
2. 재무비율분석
3. 경영평가지표

재무분석을 통해 기업의 정보를 제공하고 있다. 이를 기초로 재무계획을 수립하고 효율적으로 재무통제를 함으로써 경영능률을 향상시킬 수 있다. 이제부터 주가관련비율분석과 재무비율분석, 경영평가지표에 대해 살펴보고자 한다.

1. 주가관련비율 분석

실무에서 자주 사용하고 있는 주가관련비율에는 주가수익비율, 현금흐름비율, 주당장부가치, 주가매출액비율, 배당수익률, 토빈의 q비율 등이 있다.

(1) 주가수익비율

주가수익비율(Price-Earning Ratio : PER)은 주가를 주당순이익(Earning Per Share : EPS)으로 나눈 값으로 주가가 주당순이익의 몇 배인지 나타낸다. 주당순이익 1원이 주식시장에서 얼마의 가격으로 평가되고 있는지를 의미한다. PER의 공식은 다음과 같다.

$$\mathrm{PER} = \frac{P_0}{\mathrm{EPS}} \tag{5-1}$$

여기서, EPS는 주식의 수익력을 의미하고, PER은 수익력에 비해 주가가 상대적으로 저평가 또는 고평가되어 있는지를 판단하는 지표로 해석한다. 다른 조건은 모두 동일한데 PER가 낮은 주식은 수익력에 비해 시장가격이 저평가되어 있으므로 향후 주가의 상승 가능성이 높을 것으로 판단한다.

예제 1 주식 A와 B는 주당순이익과 주가만 다르고 다른 조건은 모두 동일하다.

주식 A : 주당순이익 1,000원, 주가 10,000원

주식 B : 주당순이익 4,000원, 주가 30,000원

이 경우 A, B 중에서 어느 주식이 더 저평가되어 있는가?

[해답]

$$\text{주식 A의 PER} = \frac{10,000\text{원}}{1,000\text{원}} = 10$$

$$\text{주식 B의 PER} = \frac{30,000\text{원}}{4,000\text{원}} = 7.5$$

따라서 주식 B가 더 저평가되어 있다.

(2) 현금흐름비율

PER은 어떤 주식의 주가가 수익력(EPS)에 비해 저평가 또는 고평가되어 있는지를 나타내는 지표이다. 그러나 여기에 사용하는 EPS는 미래의 예상순이익이 아니라 과거의 순이익을 기준으로 계산된 것이다. 따라서 과거의 순이익을 기준으로 계산된 PER은 주식의 수익력을 제대로 반영했다고 볼 수 없다.

PER가 갖고 있는 이러한 문제점을 보안하기 위해 다음과 같이 현금흐름비율(Price Cash-flow Ratio : PCR)을 사용하고 있다. PCR은 주가를 주당현금흐름(Cash-flow Per Share : CPS)으로 나눈 비율이다. CPS에 비해 주가가 낮으면 낮을수록 주가가 저평가되어 있으므로 투자가치가 높은 것으로 판단한다.

$$\text{PCR} = \frac{P_0}{\text{CPS}} \tag{5-2}$$

여기서 CPS는 기업의 영업활동으로 얻어진 현금흐름을 의미하고 있다. 단기순이익에 각종 비현금비용을 공제하고 비현금수익을

더한 값이다. PCR은 순이익에 영향을 주는 회계처리의 조작과 오류를 어느 정도 제거해 준다는 점에서 PER보다 신뢰할 수 있는 지표이다.

(3) 주가순자산비율

기업의 미래 수익력과 더불어 기업이 보유하고 있는 자산도 주식가치를 결정하는 데 영향을 주고 있다. 1주의 주식이 보유하고 있는 순자산에 의해 주식가치를 평가할 수 있는데 이를 자산가치라 부른다.

기업의 순자산은 대차대조표상의 자기자본을 나타내며 총자산에서 부채총액을 차감한 것이기 때문에 주식의 자산가치는 장부가치(book value)를 의미한다. 주당장부가치(Book value Per Share : BPS)는 순자산을 발행주식수로 나눈 값으로 주당순자산이라 부르기도 하는데 다음 식으로 표현한다.

$$\mathrm{BPS} = \frac{\text{순자산}}{\text{발행주식수}} \tag{5-3}$$

BPS를 이용하여 주식가치를 구할 수는 있으나 BPS는 기업의 미래 수익력을 무시하고 있으며 시장에서 결정되는 기업가치를 제대로 설명하지 못한다. 그러나 BPS를 주가의 최저 수준으로 인식하고 있다. 이는 주가수준이 BPS 이하로 내려갈 수 없다는 것을 의미하는데, 만일 내려갈 경우에는 저평가된 것으로 볼 수 있다.

주가순자산가치(Price Book-value Ratio : PBR)는 주가를 BPS로 나누어 구하는데 주가가 BPS의 몇 배 수준인지를 나타내는 지표이다.

$$\text{PBR} = \frac{P_0}{\text{BPS}} \tag{5-4}$$

PER은 기업의 미래 수익력을 기초로, PBR은 자기자본을 기초로 나타낸 투자지표이다.

(4) 주가매출액비율

주가매출액비율(Price to Sale Ratio : PSR)은 현 주가수준이 주당 매출액(Sale Per Share : SPS)의 몇 배인지를 나타내는 지표로서 주가를 주당매출액으로 나누어 계산한다.

$$\text{PSR} = \frac{P_0}{\text{SPS}} \tag{5-5}$$

여기서 SPS는 매출액을 발행주식수로 나누어 구한다. PER은 기업의 미래 수익력을 기초로 나타낸 투자지표이고, PSR은 기업의 매출액을 기초로 나타낸 투자지표이다. 매출액은 기업의 성장성이나 경쟁력을 나타내는 수치로서 PSR이 낮을수록 기업의 외형이나 성장성에 비해 주가가 상대적으로 저평가된 것으로 인식한다.

(5) 배당수익률

배당에 관한 지표로는 배당률, 배당수익률, 배당성향이 있다.

배당률(dividend ratio)은 주당배당금을 액면가로 나눈 값으로 현재 우리나라에서 배당지급의 기준으로 사용하고 있는 지표이다.

$$\text{배당률} = \frac{\text{주당배당금}}{\text{액면가}} \times 100(\%) \tag{5-6}$$

배당수익률(dividend yield)은 주당배당금을 주가로 나눈 값으로 주가에 대한 주당배당금의 비율이다. 실전투자에서 배당수익률이 배당률에 비해 의미 있는 지표로 사용되고 있으며 식으로 나타내면 다음과 같다.

$$배당수익률 = \frac{주당배당금}{주가} \times 100(\%) \tag{5-7}$$

배당성향(dividend payout ratio)은 주당순이익 중에서 배당금이 차지하는 비율이다.

$$배당성향 = \frac{배당금}{순이익} \times 100(\%) \tag{5-8}$$

(6) 토빈의 q 비율

토빈의 q 비율은 1주당 시장가격과 대체원가 사이의 관계를 나타낸 비율이다. 여기서 1주당 대체원가는 자산의 대체원가에서 부채를 제외한 나머지의 1주당 가치를 말한다. 만일 어떤 기업의 시장가격이 대체원가보다 너무 높게 형성되어 있으면 동일한 자산구조와 자본구조를 모방한 경쟁회사가 출현할 가능성이 높아진다.

따라서 자본시장이 충분히 경쟁적이라면 q 비율은 장기적으로 1에 가까이 형성될 것이다. 이 원리를 이용하여 토빈이 q 비율을 제안하였다.

$$토빈의\ q\ 비율 = \frac{주당시장가격}{주당대체원가} \tag{5-9}$$

q 비율이 높은 기업은 성장 가능성이 높거나 경쟁우위에 있는 기업을 의미하고, q 비율이 낮은 기업은 성장 가능성이 낮거나 경

쟁열세에 있는 기업을 의미한다. 반면 q 비율이 1보다 현저히 낮을 경우에는 그 기업의 시장가격이 대체원가에 비해 저평가되어 있으므로 그 기업은 인수 · 합병(M&A)의 표적이 될 수도 있다.

2. 재무비율분석

재무제표상의 항목을 서로 대응하는 항목으로 분류하여 각 항목 간 연관비율을 산출하고 서로 비교함으로써 기업의 재무상태와 경영성과를 분석하기 위한 방법이다. 실전에서는 수익성비율, 성장성비율, 안전성비율, 유동성비율, 활동성비율, 레버리지 비율 등이 널리 이용되고 있다.

(1) 수익성비율

일정 기간 기업의 경영성과를 종합적으로 측정하는 비율로 이익창출 능력을 평가할 수 있는 지표이다. 투자자본과 매출액 관련 이익률로 구성되어 있다.

〈표 5-1〉 수익성비율

수 익 성 비 율 (%)	내 용
총자산 이익률 $= \frac{\text{순이익}}{\text{총자산}} \times 100$	총자산을 투자하여 얼마나 효율적으로 순이익을 올렸는지 나타내는 지표이다.
자기자본 이익률 $= \frac{\text{순이익}}{\text{자기자본}} \times 100$	자기자본을 투자하여 얼마나 효율적으로 순이익을 올렸는지 나타내는 지표이다.

수 익 성 비 율 (%)	내 용
매출액 총이익률 $= \frac{\text{매출총이익}}{\text{매출액}} \times 100$	매출액 중에서 매출총이익이 차지하는 비율을 나타내는 지표이다. 매출총이익은 매출액에서 매출원가를 차감하여 구한다.
매출액 영업이익률 $= \frac{\text{영업이익}}{\text{매출액}} \times 100$	매출액 중에서 영업이익이 차지하는 비율을 나타내는 지표이다. 영업이익은 매출총이익에서 판매비와 관리비를 차감하여 구한다.
매출액 경상이익률 $= \frac{\text{경상이익}}{\text{매출액}} \times 100$	매출액 중에서 경상이익이 차지하는 비율이며 기업의 경영활동 성과를 종합적으로 나타내는 지표이다. 경상이익은 영업이익에서 영업외비용을 차감하고 영업외수익을 더하여 구한다.
매출액 순이익률 $= \frac{\text{순이익}}{\text{매출액}} \times 100$	매출액 중에서 순이익이 차지하는 비율을 나타내는 지표이다. 순이익은 경상이익에서 특별이익을 더하고 특별손실과 법인세비용을 차감하여 구한다.

(2) 성장성비율

일정 기간 동안 기업의 경영성과가 얼마나 증가했는지를 나타내는 지표이다. 성장성비율로 기업의 경쟁력이나 성장잠재력 등을 간접적으로 판단할 수 있다.

〈표 5-2〉 성장성비율

성 장 성 비 율 (%)	내 용
매출액 증가율 $= \frac{\text{단기매출증가액}}{\text{전기매출액}} \times 100$	일정 기간 매출액이 얼마나 증가했는지 나타내는 비율이다.
순이익 증가율 $= \frac{\text{단기순이익증가액}}{\text{전기순이익}} \times 100$	일정 기간 순이익이 얼마나 증가했는지 나타내는 비율이다.

(3) 안정성비율

투자자본이 얼마나 적절히 배분되어 있는지를 나타내는 지표이다. 일반적으로 고정자산에 대한 투자는 가능한 한 장기자본으로 이루어져야 안정성이 높은 것으로 인식한다.

〈표 5-3〉 안정성비율

안 정 성 비 율 (%)	내 용
고정비율 $= \frac{\text{고정자산}}{\text{자기자본}} \times 100$	자기자본에 대한 고정자산의 비율을 말하며 일반적으로 100% 이하일 때 양호한 것으로 인식한다.
고정장기적합률 $= \frac{\text{고정자산}}{\text{자기자본} + \text{고정부채}} \times 100$	장기자본(자기자본+고정부채) 중 어느 정도가 고정자산에 투자되었는지를 나타내는 지표로 고정비율에 대한 보조비율로 이용된다.

(4) 유동성비율

기업의 단기채무에 대한 지급능력을 나타내는 비율을 말한다. 수익성과 성장성이 뛰어난 기업이라도 유동성이 부족해지면 단기채무의 지급능력이 떨어지게 되어 흑자부도의 가능성이 높아진다.

〈표 5-4〉 유동성비율

유 동 성 비 율 (%)	내 용
유동비율 $= \frac{\text{유동자산}}{\text{유동부채}} \times 100$	단기채무에 충당할 수 있는 유동자산이 단기부채에 비해 몇 배가 되는지를 나타내는 비율이다. 일반적으로 200% 이상이면 유동성이 양호한 것으로 판단한다.
당좌비율 $= \frac{\text{유동자산} - \text{재고자산}}{\text{유동부채}} \times 100$	재고자산의 처분 없이 단기채무를 지불할 수 있는 능력을 나타내는 비율이다. 당좌비율은 유동비율보다 유동성 정도를 더 정확하게 나타내며 100% 이상이면 양호한 것으로 인식한다.

(5) 활동성비율

기업이 투자자산을 얼마나 효율적으로 운용했는지를 나타내는 지표로서 회전율 비율로 표시하기도 한다.

〈표 5-5〉 활동성비율

활 동 성 비 율 (%)	내 용
$총자산회전율 = \frac{매출액}{총자산} \times 100$	총자산이 일정기간 동안 몇 번 회전되었는지를 나타내며 자산운용의 효율성을 나타낸 비율이다.
$재고자산회전율 = \frac{매출액}{재고자산} \times 100$	재고자산이 일정기간 동안 몇 회에 걸쳐 현금, 매출채권 등 당좌자산으로 전환되었는지를 나타낸 비율이다.
$매출채권회전율 = \frac{매출액}{매출채권} \times 100$	매출액을 매출채권(외상매출금+받을어음)으로 나누어 매출채권의 현금화 속도를 측정하는 지표이다.
$고정자산회전율 = \frac{매출액}{고정자산} \times 100$	매출액을 고정자산으로 나누어 고정자산이 매출액에 기여하는 정도를 나타내는 지표이다.

(6) 레버리지 비율

타인자본 또는 장기부채에 대한 지급능력 수준을 나타내는 지표로서 부채성비율로 표현하기도 한다.

〈표 5-6〉 레버리지 비율

활 동 성 비 율 (%)	내 용
부채비율 = $\frac{부채}{자기자본}$ × 100	자기자본에서 부채(유동부채 + 고정부채)가 차지하는 비율을 말하며, 기업의 재무구조를 나타낸다.
자기자본비율 = $\frac{자기자본}{총자본}$ × 100	총자본에서 자기자본이 차지하는 비율이다. 은행에서 대출심사시 중요한 기준으로 삼고 있어 은행지도비율이라 부르기도 한다.
이자보상비율 = $\frac{영업이익}{이자비용}$ × 100	영업이익을 이자비용으로 나누어 영업이익이 이자비용의 몇 배나 되는지를 나타낸다.

3. 경영평가지표

재무비율분석은 서로 상반된 결과가 나타날 수 있어 기업의 재무상태나 경영성과를 평가하기에 한계가 있다. 기업의 재무상태나 경영성과를 종합적으로 분석하여 기업의 내실화와 가치를 중시하는 전략이 필요하다. 경영평가지표로 널리 사용되고 있는 투자자본이익률과 경제적 부가가치에 대해 살펴보자.

(1) 투자자본이익률

투자자본이익률(Return On Invested capital : ROI)은 듀퐁사에서 개발한 재무분석지표로서 기업이 자본을 투자하여 얼마의 당기순이익을 올렸는지를 나타내는 지표이다.

$$투자자본이익률 = \frac{당기순이익}{투자자본}$$
$$= \frac{매출액}{투자자본} \times \frac{당기순이익}{매출액}$$
$$= (투자자본회전율) \times (매출액순이익률)$$

(5-10)

투자자본이익률은 당기순이익을 투자자본으로 나누어 구하는데, 활동성을 나타내는 투자자본 회전율과 수익성을 나타내는 매출액순이익률의 곱으로 구성되어 있다. 투자자본이익률을 높이기 위해서는 투자자본회전율을 높이거나 매출액순이익률을 높이는 것이 필요하다.

(2) 경제적 부가가치

경제적 부가가치(Economic Value Added : EVA)는 영업이익에서 법인세와 자본비용을 차감한 값으로 회계적 이익이 가지고 있는 한계성을 보완하기 위해 만든 경영성과지표이다. EVA의 공식은 다음과 같다.

$$EVA = 영업이익 - 법인세 - 자본비용$$
$$= 세후영업이익 - 자본비용$$
$$= 투자자본 \times [투자자본이익률(ROI) - 가중평균자본비용(WACC)]$$

〈양적 측면〉 〈질적 측면 : 초과수익률〉 (5-11)

여기서, 투자자본 = 영업자산 − 비이자발생부채

자본비용 = 이자비용 + 자기자본비용

회계적 이익은 자기자본에 대한 비용을 비용으로 인식하지 않고 있어 기업의 진정한 경영성과를 나타내주지 못한다. 반면 EVA는 자기자본에 대한 비용을 비용으로 인식하고 있어 기업이 부담해야 할 모든 비용을 차감하고도 영업활동을 통해 이익을 얻었는지를 파악할 수 있다.

EVA는 주가에 아직 반영되지 못하고 있는 기업의 수익력을 나타내고 있다. EVA가 높은 기업은 영업활동을 통해 기본적인 수익력을 가지고 있음을 나타낸다.

제6장

자본예산과 현금흐름

1. 자본예산
2. 현금흐름

기대하는 수익률이 높을수록 위험이 커진다고 한다. 기대수익률과 위험을 측정하는 방법에 대해 살펴보고자 한다. 또한 위험을 분산시키기 위해 포트폴리오를 구성한다고 한다. 포트폴리오 의의와 효율적인 투자에 대해 살펴보고자 한다.

1. 자 본 예 산

자본예산은 자본과 관련된 예산을 세우는 것으로 지출규모가 크고 장기간 현금흐름에 영향을 미치므로 매우 중요한 의사결정이다. 자본예산 편성은 최선의 자산을 선택하는 것으로 이 과정을 투자의사결정이라 한다.

(1) 자본예산의 의의

자본예산은 자본자산에 대한 투자의사결정으로 기업의 투자와 관련된 계획과 집행과정을 의미한다. 투자의사결정은 자산의 구성항목에 관한 의사결정으로 기업의 경영과 생산에 영향을 주어 성장과 경쟁력에 커다란 영향을 미치게 한다.

자본예산에서는 기업의 자본자산에 1년 이상 영향을 미치는 장기투자를 대상으로 한다. 자본자산은 공장, 토지, 건물, 기계, 기구, 설비 등의 설비자산과 연구개발, 제품광고, 증권투자, 신제품투자 등의 투자자산을 포함하지만 주로 생산과정에 투입하는 설비자산을 말한다.

자본예산에는 거액이 투자되기 때문에 기업에서 매우 중요하게 다루어진다. 기업에서 자본예산의 투자는 최고경영층의 의사결정에 의해 매우 신중하게 이루어진다. 자본예산의 성공여부에 따라 기업의 미래가치가 중대하게 영향을 받기 때문이다.

(2) 자본예산의 중요성

자본예산은 제2차 세계대전 이후 경제개발의 필요성이 제기되었으며 대규모 투자가 이루어지면서 자본예산이 중요하게 다루어지게 되었다. 자본예산이 재무관리에서 중요하게 다루어지는 이유는 다음과 같다.

첫째, 자본예산에는 대규모 자금이 소요되고 전문화로 인해 투자가 일단 이루어지면 기업의 자금사정과 유동성에 커다란 영향을 주며 투자 이후 회수가 불가능하다.

오늘날 기업의 산업이나 제품의 전문화 추세로 인해 한 번 투자가 이루어지면 미래의 사업전망이 불확실하거나 투자손실이 예상되어도 설비를 다른 용도로 전환하거나 자금을 회수하기가 어려우므로 신중한 의사결정이 필요하다.

둘째, 자본예산은 주로 고정자산에 대한 투자이므로 성공여부에 따라 기업의 미래가치에 커다란 영향을 미친다.

기업에서 고정자산에 대한 투자는 장기간에 걸쳐 효과가 나타나고 투자성과에 따라 미래 현금흐름의 수준이 결정된다. 또한 기업의 성장과 경쟁력에 영향을 미치므로 투자의 성공여부에 따라 유지 존속이 결정될 수도 있다.

셋째, 자본예산의 성공적인 운영으로 신기술과 신제품을 위한 연구개발투자가 이루어져 기업의 성장과 경쟁력 우위를 확보해야 한다.

수요변화에 신속하게 대응할 수 있도록 각 기업마다 신제품과 신기술 개발을 위한 투자가 활발하게 이루어지고 있다. 이러한 연구개발투자는 기업의 성장과 경쟁력 우위를 위해 이루어져야 한다.

(3) 투자의 분류

기업에서는 투자의 목적에 따라 다음과 같이 네 가지로 분류하고 있다.

① 대체투자

대체투자는 기존에 보유하고 사용해온 기존 설비를 새로운 설비로 대처하기 위한 투자를 의미한다. 기존의 설비용량이나 생산능력을 확대하는 것이 아니라 생산성이 뛰어나고 보다 뛰어난 새로운 설비를 구입하는 투자를 의미한다.

② 확장투자

확장투자는 기존의 생산설비나 생산능력을 증가시키기 위한 투자를 의미한다.

시장점유율이 확대되면서 제품의 판매가 증가하는 경우 기존의 생산설비로는 생산능력이 부족하므로 이를 증설시키기 위한 새로운 투자를 의미한다.

③ 제품개발투자

제품개발투자는 기존 제품을 새로이 개선하기 위한 투자이거나 신제품을 개발하기 위한 투자를 의미한다. 기존 제품의 경우에는 성능개선이나 생산원가 절감에 목적이 있다. 신제품 개발의 경우에는 새로운 제품을 개발하여 시장을 선점하는 데 목적이 있으나 장기간의 투자개발과 성공여부에 대한 불확실성으로 인해 위험이 높은 투자라 할 수 있다.

④ 전략투자

전략투자는 기업의 단기적인 이익실현이 아니라 장기적인 성장 발전을 위한 투자를 의미한다. 기업의 이미지 개선이나 기업홍보 등에 관한 공해방지설비투자, 복지후생시설투자, 교육훈련투자 등을 위한 투자이다.

기업의 투자안의 성격에 따라서는 다음과 같이 분류할 수 있다.

① 독립적 투자

여러 투자안이 서로 관련이 없는 것으로 현금흐름을 파악하여 우월한 투자안을 선택하는 과정에서 다른 투자안의 선택 여부와 아무런 관련이 없는 투자형태를 말한다.

② 종속적 투자

여러 투자안의 현금흐름을 파악하여 우월한 투자안을 선택하는 과정에서 다른 투자안의 선택에 영향을 미치는 투자형태를 말한다.

□ 상호배타적 투자

목표가 동일한 여러 투자안의 현금흐름을 파악하여 최적의 투자안을 선택하게 되면 나머지 투자안은 자동적으로 채택하지 않는 투자형태를 말한다.

□ 상호인과적 투자

어느 투자안을 선택하고 나서 다른 유사한 투자안을 선택함으로써 모든 투자안의 현금흐름이 증가하거나 투자비용이 절감되어 시너지 효과가 발생하게 되는 투자형태를 말한다.

(4) 자본예산의 편성절차

자본예산편성은 여러 투자안 중에서 미래 현금흐름과 위험을 분석하여 최적의 투자안을 선택하고 조달자금을 투자하는 의사결정과정을 의미한다. 또한 투자안의 수익률이 한계자본비용과 일치하게 되면 기업가치의 극대화로 나타날 것이다.

자본예산편성을 다음과 같이 6단계로 구분하여 보았다.

첫째, 투자목표를 세우는 단계로 기업가치의 극대화에 목표를 두고 있다.

둘째, 투자목적을 선택하는 단계로 대체투자, 확장투자, 제품개발투자, 전략투자로 구분하고 있으며 투자안 성격은 독립적 투자와 종속적 투자로 구분하고 있다.

셋째, 투자안의 경제성을 분석하는 단계로 미래 현금흐름과 각 투자안의 위험을 측정하고 적절한 수익률을 결정해야 한다.

넷째, 경제성 분석을 토대로 투자안을 결정하는 단계로 기업규모에 적합한 투자금액과 투자기간의 적절성을 살펴보고 사업내용이 기업의 경영이념과 일치하는지 파악한다.

다섯째, 투자를 실행하는 단계로 투자에 필요한 자금을 조달하고 선정된 최적의 투자안으로 자금 투입이 이루어진다.

여섯째, 통제 및 평가가 이루어지는 단계로 초기 계획단계의 현금흐름을 재조정하고 경영환경의 변화에 적절히 대응하면서 투자이익의 극대화와 투자손실의 최소화를 위해 운영되어야 한다.

〈표 6-1〉 자본예산의 편성단계

Ⅰ. 투자목표 : 기업가치의 극대화
Ⅱ. 투자목적의 선택 · 투자목적 : 대체투자, 확장투자, 제품개발투자, 전략투자 · 투자안 성격 : 독립적 투자, 상호배타적 투자, 상호인과적 투자
Ⅲ. 투자안 분석 : 경제성 분석 · 미래 현금흐름 · 위험 측정과 기대수익률 결정
Ⅳ. 투자안 결정 : 경제성 분석을 토대로 · 투자금액 및 투자기간의 적절성 · 사업내용이 경영이념과 적절성
Ⅴ. 투자 실행 · 소요자본의 조달 · 투자의 종류와 상황에 따라
Ⅵ. 통제 및 평가 · 계획단계의 현금흐름 재조정 · 경영환경의 변화 · 투자이익의 극대화와 투자손실의 최소화

2. 현 금 흐 름

기업의 현재가치는 미래 현금흐름을 이자율로 할인하여 계산한다. 현금흐름을 측정하는 것이 쉬운 일은 아니지만 현금유입과 현금유출을 직접 측정하여 계산하는 것이 효과적이다.

(1) 현금흐름측정의 이해

현금흐름은 기업의 경영활동으로 인해 현금의 유입과 유출이 발생하는데 영업활동과 투자활동, 재무활동 등에 의해 나타난다.

현금유입에는 매출액, 순이익, 예금이자, 배당, 사채발행, 유상증자, 자산매각 등이 있으며 현금유출에는 설비 및 시설투자, 판공비, 대출이자, 법인세, 자산매입, 사채상환 등이 있다.

기업이 영업이익을 많이 올려도 현금흐름이 예상대로 흐르지 못하면 유동성에 제한을 받게 되므로 현금흐름은 기업가치를 추정하는 지표로 사용한다.

기업에서 현금흐름은 순현금흐름으로 사용하는데 현금유입에서 현금유출을 차감한 금액을 말한다.

다수의 투자안 중에서 최적의 투자안을 선택하여 기업의 현재와 미래의 현금흐름을 변화시키고 기업가치를 증가시킬 수 있어야 한다. 따라서 여러 투자안의 현금흐름을 측정하여 현금흐름이 적절한 투자안과 그렇지 못한 투자안을 선별하여 결정해야 한다.

(2) 현금흐름측정의 원칙

기업이 자본예산을 편성하는 과정에서 최적의 투자안을 선택하기 위해서는 다음과 같은 원칙을 고려해야 한다.

첫째, 모든 현금흐름은 증분기준으로 측정해야 한다.

새로운 투자안을 평가하기 위해서는 투자안의 수행으로 직접 발생하리라 예상되는 현금흐름의 변동분을 측정하여야 한다. 투자안에 대한 현금흐름을 측정할 때는 투자안이 채택될 경우의 현금흐름에서 채택되지 않았을 경우의 현금흐름을 비교하여 변동분을 측정해야 한다.

둘째, 모든 현금흐름은 법인세 납세 후 기준으로 측정한다.

기업이 납부하는 법인세는 실제로 현금유출이 발생한다. 그러므로 현금흐름의 측정은 법인세 납부 후 기준으로 실시해야 한다. 법인세로 인한 현금유출은 실제로 법인세를 납부한 시점에서 계산되어야 한다.

셋째, 이자비용과 배당금은 현금유출에 포함하지 않는다.

기업의 입장에서 이자와 배당금은 현금유출이지만 자본예산에서 투자안의 경제성을 파악하는 과정에서는 현금유출에 포함하지 않는다. 왜냐하면 자본조달로 인해 발생하는 이자와 배당금은 미래 현금흐름을 현재가치로 할인하는 과정에서 할인율 계산에 포함되어 있기 때문이다. 이자와 배당금을 현금흐름에 포함시키면 이중계산이 된다.

넷째, 감가상각비는 현금유출에 포함하지 않는다.

감가상각비는 회계상 비용이지만 비현금비용으로 실제 현금흐름이 나타나지 않는다. 감가상각비는 투자시점에서 이미 현금흐름이 발생하였으므로 감가상각 시점에서 다시 포함시키면 이중계산이 된다.

다섯째, 순운전자본은 현금흐름에 포함해야 한다.

순운전자본은 투자안을 수행하는 과정에서 발생하기 때문에 현금흐름을 측정할 때 포함해야 한다. 일반적으로 새로운 투자안을 선택하면 고정자산과 더불어 운전자본이 필요하게 된다. 순운전자본은 유동자산에서 유동부채를 차감한 금액으로 투자안이 수행하는 동안 수시로 변동하게 된다. 투자 초기에는 운전자본의 지출이 많으며 투자가 마무리되는 시점에서는 전부 회수해야 한다.

여섯째, 매몰비용은 현금흐름에 포함하지 않는다.

매몰비용은 이미 발생하여 회수가 불가능한 비용을 말한다. 광고비용이나 컨설팅비용 등과 같이 이미 지출된 것으로 현재 투자안과는 관계가 없으므로 현금흐름에 포함해서는 안 되는 비용이다.

일곱째, 기회비용은 현금흐름에 포함해야 한다.

기회비용은 어느 자산을 선택했을 때 그로 인해 포기한 다른 자산의 가치를 말한다. 기회비용은 투자안을 수행하는 과정에서 발생하기 때문에 현금흐름에 포함해야 하며 자산의 시장가나 수익률을 자산가치로 전환하여 측정할 수 있다.

여덟째, 인플레이션은 현금흐름에 포함해야 한다.

투자안을 수행하는 동안 미래 현금흐름이 장기간에 걸쳐 발생하므로 인플레이션의 영향을 현금흐름 측정에 포함해야 한다.

(3) 현금흐름측정의 사례

대박식품의 현금흐름을 측정하기 위해 매출액과 영업비용, 감가상각비, 손익계산서, 영업현금흐름 등을 차례대로 계산하여 보자.

예제 1 대박식품은 3년 계약으로 짬뽕라면을 생산하여 판매하는데 연간 매출액이 9천만원이다. 감가상각비를 제외한 영업비용은 4천만원이다. 공장 및 사무실 임대료 등 고정비가 매년 1천만원이고 초기 생산설비가 6천만원 투입되는데 3년 후 잔존가치는 소멸된다. 순운전자본이 초기에 2천만원이 투입되며 법인세율은 30%이다.

[해답]

① 매출액과 영업비용

(단위 : 천원)

연 도	1	2	3
매 출 액	9,000	9,000	9,000
영업비용	4,000	4,000	4,000

② 감가상각비 계산

초기 생산설비가 6천만원 투입되고 3년 후 잔존가치가 1천만원이므로 정액법에 의한 매년 감가상각비는 다음과 같다.

매년감가상각비 = 60,000 ÷ 3 = 20,000(천원)

③ 손익계산서

(단위 : 천원)

매출액	90,000
영업비용	− 40,000
	50,000
고정비	− 10,000
감가상각비	− 20,000
영업이익	20,000
법인세(30%)	− 6,000
당기순이익	14,000

④ 영업현금흐름표

영업현금흐름 = 영업이익 + 감가상각비 − 법인세

(단위 : 천원)

영업이익	20,000
감가상각비	+ 20,000
법인세	− 6,000
영업현금흐름	34,000

⑤ 총현금흐름

대박식품은 초기에 생산설비 6천만원을 투자하고 순운전자본에 2천만원을 투자하였다. 생산설비는 3년 후 모두 소멸되지만 순운전자본 2천만원은 3년 후 회수한다.

(단위 : 천원)

연 도	0	1	2	3
영업현금흐름	0	34,000	34,000	34,000
순운전자본의 증감	− 20,000	0	0	+ 20,000
자본적 지출	− 90,000	0	0	0
총현금흐름	− 110,000	34,000	34,000	54,000

제7장

확실성하의 투자가치 평가

1. 회수기간법
2. 할인회수기간법
3. 회계적이익률법
4. 순현가법
5. 내부수익률법
6. 수익성지수법

미래 현금흐름은 기업환경과 경제환경 등의 여러 요인들에 의해 정확히 예측하기가 어렵다. 그러나 미래 현금흐름을 정확히 측정하였다는 가정하에서 투자안의 가치를 평가하는 것을 확실성하의 투자가치라 부른다. 여기에는 회수기간법과 회계적 이익률법, 순현가법, 내부수익률법, 수익성지수법 등이 있다.

1. 회수기간법

회수기간법(PBP)에서 회수기간(payback period)은 초기의 투자비용을 회수하는 데 걸리는 기간을 의미하며 회수기간법은 현금흐름이 투자기간 중 동일하게 발생한다고 가정한다.

회수기간법의 의사결정원칙은 다음과 같다.

첫째, 여러 투자안의 회수기간 중에서 기업이 설정한 목표 회수기간보다 짧으면 선택한다.

둘째, 여러 독립된 투자안을 측정하여 그중에서 회수기간이 짧을수록 우선하여 선택한다. 또한 목표 회수기간보다 짧으면 모두 선택이 가능하다.

회수기간법은 이해하기 쉬우며 간단히 계산할 수 있어 실무에서 많이 사용하고 있다. 다음 사례를 통해 계산하는 방법을 살펴보도록 하자.

대박운수는 초기에 100억을 투자한다고 한다. 다음과 같은 현금흐름이 예상될 때 회수기간을 구해 보자.

〈표 7-1〉 회수기간법의 현금흐름

(단위 : 억원)

연　도	1	2	3	4	5
현금흐름	10	30	50	40	20

이 사례에서 투자액 100억원을 회수하는 데 3.25년이 걸린다. 3년 말까지 총 90억원이 회수되고 나머지 10억원은 4년째 현금흐름 40억의 1/4이므로 1년을 1/4로 나누면 0.25년이 되어 총 3.25년이 소요된다.

대박운수가 회수기간법에 의해 위 투자안을 선택하느냐는 목표 회수기간에 의해 결정된다고 본다. 목표 회수기간이 4년 이상이라면 선택하겠지만 3년 이하라면 선택하지 않을 것이다.

회수기간법은 화폐의 시간적 가치를 고려하지 않고 있으나 실무에서 많이 이용하고 있는 가치평가방법이다. 장단점은 다음과 같다.

□ 장 점

- 계산과 평가가 간단하여 이해하기 쉽다.
- 투자안이 짧은 것을 선호하고 있어 유동성을 확보할 수 있다.
- 분석법이 간단하여 적은 비용으로 가능하다.
- 소규모 투자의 의사결정에 수시로 사용할 수 있다.
- 회수기간 이후 현금흐름을 무시하고 있어 위험을 회피할 수 있다.

□ 단 점

- 화폐의 시간적 가치를 무시하고 있어 실제 투자비용보다 더 낮은 투자안을 선택할 수 있다.
- 회수기간 이후 현금흐름을 무시하고 있어 수명이 긴 큰 투자안을 거부할 수 있다.
- 수명이 짧은 투자안에 대해 잘못된 의사결정을 할 수 있다.
- 연구개발이나 새로운 투자 등 장기계획을 회피할 수 있다.

예제 1 대박백화점은 초기 투자액 800만원의 다음과 같은 투자안을 제시 받았다. 이 투자안의 회수기간은 얼마인가?

연 도	1	2	3	4	5
현금흐름	100만	200만	300만	400만	500만

[해답]

투자액은 3년이 지나면 600만원이 회수된다. 나머지 200만원은 3년째 현금흐름 400만원의 1/2이므로 1년을 1/2로 나누면 0.5년이 되어 총 3.5년이 소요된다. 따라서 초기 투자액 800만원의 회수기간은 3.5년이 된다.

2. 할인회수기간법

회수기간법은 화폐의 시간가치를 무시하고 있어 이를 해결하기 위해 할인회수기간법을 사용하고 있다. 할인회수기간은 미래 현금흐름을 할인한 합계가 초기 투자액과 같아질 때까지의 기간이다.

할인회수기간법의 의사결정기준은 다음과 같다.

첫째, 어느 투자안에 대한 할인회수기간이 목표 회수기간과 비교하여 짧으면 선택한다.

둘째, 여러 투자안 중에서 할인회수기간이 짧을수록 우선하여 선택한다.

할인회수기간법을 다음 사례를 통해 살펴보도록 하자. 대박은행은 초기에 500만원을 투자하고 기대수익률 10%를 기대하고 있다. 다음과 같은 현금흐름이 예상될 때 할인회수기간을 구해 보자.

〈표 7-2〉 회수기간법과 할인회수기간법의 현금흐름

(단위 : 만원)

연 도		1	2	3	4	5
현금흐름	회수기간법	100	150	250	140	100
	(합계액)	100	250	500	640	740
	할인회수기간법	91	124	188	97	62
	(합계액)	91	215	403	500	562

회수기간법에 의한 회수기간은 초기 투자액 500만원과 일치하는 3년이 된다. 그러나 할인회수기간법에 의해 미래 현금흐름을 현재가치로 할인하여 합계를 구하면 4년째에 초기 투자액 500만원과 일치하게 된다. 따라서 할인회수기간은 4년이다.

대박은행의 목표 회수기간이 3.5년이면 회수기간법은 3년이므로 위 투자안을 선택하겠지만 할인회수기간법은 4년이므로 선택하지 않을 것이다. 회수기간법으로 경제적 가치가 낮은 위 투자안을 선택한다면 의사결정의 판단 오류로 볼 수 있다.

할인회수기간법의 장점과 단점은 다음과 같다.

□ 장 점

- 화폐의 시간가치를 고려하고 있으며 이해하기 쉽다.
- 단기 투자안을 선호하여 유동성을 확보할 수 있다.

□ 단 점

- 회수기간 이후 현금흐름을 무시하고 있다.
- 연구개발이나 새로운 투자 등 장기계획을 회피할 수 있다.

예제 2 대박보험은 600만원을 투자하면 매년 200만원씩 지급하는 영구채권을 구입하려 한다. 수익률은 15%를 기대하고 있다. 회수기간과 할인회수기간을 구하여라.

[해답]

회수기간법과 할인회수기간법으로 작성하여 보았다.

연 도		1	2	3	4	5	……
현금흐름	회수기간법	200	200	200	200	200	……
	(합계액)	200	400	600	800	1,000	……
	할인회수기간법	174	151	132	114	100	……
	(합계액)	174	325	457	571	671	……

회수기간은 초기 투자액 600만원과 일치하는 3년이다.

할인회수기간은 초기 투자액 600만원에 근접하는 기간은 4년과 5년 사이가 되어 대략 4.3년이 된다.

3. 회계적 이익률법

회계적 이익률법은 투자안의 평균이익률을 산출하여 평가기준으로 삼는 방법이다. 연평균순이익을 연평균투자액으로 나누어 계산하거나 연평균순이익을 총투자액으로 나누어 계산하기도 한다.

$$\text{회계적 이익률} = \frac{\text{연평균순이익}}{\text{연평균투자액}} = \frac{\text{연평균순이익}}{\frac{\text{총투자액}}{2}} \qquad (7\text{-}1)$$

회계적 이익률법의 의사결정기준은 다음과 같다.

첫째, 어느 투자안의 회계적 이익률이 기업의 목표수익률보다 높으면 선택한다.

둘째, 여러 투자안 중에서 회계적 이익률이 클수록 우선하여 선택한다. 또한 목표 회계적 이익률보다 높은 투자안은 모두 채택 가능하다.

사례를 통해 살펴보도록 하자. 대박은행은 초기에 1,500만원을 투자하였다. 다음과 같은 현금흐름이 예상될 때 회계적 이익률을 구해 보자.

〈표 7-3〉 투자안 1과 2의 회계적 이익률

(단위 : 만원)

연 도		1	2	3	4	5	연평균 수익률	연평균 투자액	회계적 이익률
현금흐름	투자안 1	100	200	300	400	500	300	750	40%
	투자안 2	250	300	250	300	250	275	750	37%

투자안 1과 2의 회계적 이익률은 공식에 의해 40%와 37%로 산출되었다. 여기서 연평균투자액은 〈표 7-4〉와 식 (7-2)에 의해 750만원으로 산출되었으며 초기 투자액 1,500만원의 1/2로 나타났다.

〈표 7-4〉 투자안 1과 2의 감가상각과 잔존금액

(단위 : 만원)

연 도	0	1	2	3	4	5
투자액 감가상각	1,500	−300	−300	−300	−300	−300
투자액 잔존금액	1,500	1,200	900	600	300	0

연평균투자액

$$=(1,500+1,200+900+600+300+0)\div 6$$
$$=750(\text{만원}) \qquad (7\text{-}2)$$

회계적 이익률법은 화폐의 시간가치를 고려하지 않으며 회계자료를 이용하고 있다. 장점과 단점은 다음과 같다.

□ 장 점

- 계산이 간단하며 이해하기 쉽다.
- 회계자료의 이용이 용이하다.

□ 단 점

- 화폐의 시간가치를 고려하지 않고 있다.
- 투자안의 현금흐름이 아닌 회계적 이익률로 투자가치를 판단한다.
- 회계적 이익률의 목표 수익률 결정이 자의적이다.

예제 3 대박패션은 초기 투자액 500만원을 예상하고 있으며 5년 후 잔존가치는 사라진다.

수입은 첫해 200만원이며 매년 50만원씩 증가하고 비용은 수입의 40%를 예상하고 있다. 법인세는 30%이다. 대박패션의 회계적 이익률을 구하여라.

[해답]

감가상각비 = 500만원 ÷ 5 = 100만원

대박패션의 수입과 비용, 영업이익, 순이익은 다음과 같다.

(단위 : 만원)

연 도	1	2	3	4	5
수 익 비 용	200 80	250 100	300 120	350 140	400 160
	120	150	180	210	240
감가상각 영업이익	100 20	100 50	100 80	100 110	100 140
법인세(30%) 순 이 익	6 14	15 35	24 56	33 77	42 98

$$\text{연평균순이익} = \frac{14+35+56+77+98}{5} = 56$$

$$\text{연평균투자액} = \frac{500}{2} = 250$$

$$\therefore \text{회계적 이익률} = \frac{\text{연평균순이익}}{\text{연평균투자액}} = \frac{56}{250} = 22.4\%$$

4. 순 현 가 법

순현재가치(NPV : Net Present Value)는 투자로부터 유입되는 미래 현금흐름을 할인한 현재가치에서 유출되는 현재가치를 차감한 금액이다. 순현가를 공식으로 나타내면 다음과 같다.

$$\text{NPV} = \sum_{i=1}^{n} \frac{CI_t}{(1+r)^t} - \sum_{i=1}^{n} \frac{CO_t}{(1+r)^t} \qquad (7\text{-}3)$$

여기서 CI_t : t기의 현금유입

CO_t : t기의 현금유출

r : 할인율

순현가법의 의사결정기준은 다음과 같다.

첫째, 어느 투자안이 NPV>0이면 경제성이 있는 것으로 판단하여 선택하고, NPV<0이면 경제성이 없는 것으로 판단한다.

둘째, 여러 투자안 중에서 NPV가 클수록 우선하여 선택한다. 또한 NPV>0이면 모두 선택이 가능하다.

사례를 통해 살펴보도록 하자. 대박라면은 초기에 600만원을 투자하였다. 다음과 같은 현금흐름이 예상되고 수익률 10%를 기대할 때 순현가를 구해 보자.

〈표 7-5〉 투자안의 현금흐름

(단위 : 만원)

연 도	0	1	2	3	4	5
현금흐름	−600	100	200	300	200	100
현재가치		91	165	225	137	62

$$\begin{aligned}\text{NPV} &= \frac{100}{(1+0.1)^1}+\frac{200}{(1+0.1)^2}+\frac{300}{(1+0.1)^3}+\frac{200}{(1+0.1)^4}\\ &\quad+\frac{100}{(1+0.1)^5}-600\\ &=91+165+225+137+62-600\\ &=80(\text{만원})\end{aligned}$$

위 투자안의 경우 NPV가 80만원으로 0보다 크게 산출되어 경제성이 있는 것으로 나타나 선택될 수 있다.

순현가법은 투자안의 가치평가기법으로 장점과 단점은 다음과 같다.

□ **장 점**

- 화폐의 시간가치를 고려하고 있다.
- 계산이 간단하고 이해하기 쉽다.
- 현금흐름과 수익률을 모두 고려하고 있다.
- 기업가치를 극대화하는 결과를 산출할 수 있다.

□ **단 점**

- 현금흐름과 수익률이 모두 예측치이다.
- 자본비용(수익률)에 대한 의존도가 너무 높다.

예제 4 대박의류는 초기 투자액 1,000만원의 투자를 제안받았다. 앞으로 5년 동안의 현금흐름은 첫해 200만원이고 매년 50만원씩 증가한다고 한다. 기대수익률이 10%라 할 때 NPV는 얼마인가? 경제적인 투자인가?

[해답]

- 투자안의 현금흐름으로 현재가치를 구한다.

(단위 : 만원)

연 도	0	1	2	3	4	5
현금흐름	1,000	200	250	300	350	400
현재가치		182	207	225	239	248

$$현재가치 = \frac{200}{(1+0.1)^1} + \frac{250}{(1+0.1)^2} + \frac{300}{(1+0.1)^3} + \frac{350}{(1+0.1)^4} + \frac{400}{(1+0.1)^5}$$

$$= 182 + 207 + 225 + 239 + 248$$
$$= 1,101(\text{만원})$$

- NPV를 구한다.

  $$NPV = 1,101 - 1,000 = 101(\text{만원})$$

- NPV가 101만원으로 0보다 크므로 경제적인 투자로 판단된다.

---

5. 내부수익률법

내부수익률(IRR)은 투자로 인해 예상되는 현금유입의 현재가치 합계와 현금유출의 현재가치의 합계를 일치시키는 할인율을 의미한다. 내부수익률의 공식은 다음과 같으며 이를 만족시키는 r의 값이 IRR이다.

$$\sum_{i=1}^{n} \frac{CI_t}{(1+r)^t} = \sum_{i=1}^{n} \frac{CO_t}{(1+r)^t} \tag{7-4}$$

여기서 CI_t : t기의 현금유입

CO_t : t기의 현금유출

r : 내부수익률

내부수익률법의 가치판단을 위한 의사결정기준은 다음과 같다.

첫째, 어느 투자안의 내부수익률이 기업의 요구수익률보다 크면 선택한다.

둘째, 여러 투자안 중에서 내부수익률이 클수록 우선하여 선택한다. 또한 기업의 요구수익률보다 큰 안은 모두 선택 가능하다.

사례를 통해 살펴보도록 하자. 대박설탕은 초기에 500만원을 투자하면 1년 후 600만원을 돌려준다고 한다. 이 투자안의 내부수익률을 구해보자.

$$\frac{600\text{만원}}{1+r} = 500\text{만원}$$

$$600\text{만원} = 500\text{만원} \times (1+r)$$

$$r = 0.2$$

$$\therefore \text{내부수익률} = 20\%$$

내부수익률이 20%이므로 기업의 요구수익률이 20%보다 작으면 이 투자안은 투자가치가 있는 것으로 판단한다.

내부수익률은 화폐의 시간가치를 고려한 평가기법으로 다음과 같은 장점과 단점을 가지고 있다.

□ 장 점

- 계산이 간단하고 이해하기 쉽다.
- 순현가와 유사하고 동일한 결론이 나올 수 있다.

□ 단 점

- 내부수익률로만 투자안을 평가하면 투자가치의 오류를 범할 수 있다.
- 상호배타적인 투자안의 경우 의사결정에 문제가 생길 수 있다.
- 투자기간 중에 또 다른 투자가 이루어지면 복수로 나타날 수 있다.

예제 5 대박호텔은 초기에 700만원을 투자하려 한다. 투자 이후 첫해 200만원, 둘째 해 300만원, 셋째 해 400만원의 현금유입을 예상한다. 내부수익률은 얼마인가?

[해답]

내부수익률 공식은 다음과 같다.

$$\frac{200}{(1+r)^1}+\frac{300}{(1+r)^2}+\frac{400}{(1+r)^3}=700$$

내부수익률을 구하기 위해 시행착오법을 사용해 보자.

- 먼저 10% 할인율을 적용해 보자.

$$\frac{200}{(1+0.1)^1}+\frac{300}{(1+0.1)^2}+\frac{400}{(1+0.1)^3}$$
$$=200\times0.91+300\times0.83+400\times0.75$$
$$=182+249+300=731(\text{만원})$$

10%에서 현재가치가 731만원으로 31만원이 넘게 나왔다. 이번에는 할인율을 12%로 높여 현재가치를 계산해 보자.

- 12% 할인율을 적용해 보자.

$$\frac{200}{(1+0.12)^1}+\frac{300}{(1+0.12)^2}+\frac{400}{(1+0.12)^3}$$
$$=200\times0.89+300\times0.80+400\times0.71$$
$$=179+239+285=703(\text{만원})$$

할인율 12%에서 현재가치가 703만원으로 3만원이 넘었다. 이번에는 할인율을 13%로 높여 현재가치를 계산해 보자.

- 13% 할인율을 적용해 보자.

$$\frac{200}{(1+0.13)^1}+\frac{300}{(1+0.13)^2}+\frac{400}{(1+0.13)^3}$$

$= 200 \times 0.88 + 300 \times 0.78 + 400 \times 0.69$
$= 177 + 235 + 277 = 689$(만원)

할인율 13%에서 현재가치가 689만원으로 11만원이 부족하였다. 내부수익률은 12%와 13% 사이에 있는 것으로 보인다.

이번에는 보간법으로 내부수익률을 계산해 보자.

12%일 때 703만원이고 13%일 때 689만원이므로 1% 차이가 날 때 14만원의 차이가 난다. 따라서,

1% : 14만원 = x : 3만원 ⇨ $x = 3\% / 14 = 0.214\%$

내부수익률은 약 12.21%가 된다.

6. 수익성지수법

수익성지수(PI)는 투자규모가 다른 투자안의 상대적 수익성을 나타내기 위한 보조기법으로 현금유입의 현재가치를 현금유출의 현재가치로 나눈 값으로 나타낸다.

공식은 다음과 같다.

$$PI = \sum_{i=1}^{n} \frac{CI_t}{(1+r)^t} \bigg/ \sum_{i=1}^{n} \frac{CO_t}{(1+r)^t} \qquad (7\text{-}5)$$

수익성지수의 경제성여부는 미래 현금흐름의 현재가치가 초기 투자액보다 커야 하며 의사결정기준은 다음과 같다.

첫째, 어느 투자안의 수익성지수가 1.0보다 크면 경제성이 인정되므로 선택한다.

둘째, 여러 투자안 중에서 수익성지수가 클수록 우선하여 선택한다. 또한 1.0보다 크면 모두 선택 가능하다.

사례를 통해 살펴보도록 하자. 대박게임은 초기에 500만원을 투자하면 미래 현금흐름의 현재가치가 600만원이 된다고 한다. 이때 수익성지수를 구해 보자.

수익성지수 = 600만원/500만원 = 1.2

이 투자안의 순현가는 100만원이 되고 수익성지수가 1보다 크므로 경제성이 있는 투자로 판단된다. 여기서 수익성지수 1.2의 의미는 투자금액 1원당 1.2원씩 증가하거나 순현가가 0.2원씩 증가하는 것을 나타낸다.

수익성지수법의 장점과 단점에 대해 살펴보자.

□ 장 점

- 계산이 간단하고 이해하기 쉽다.
- 순현가법에 의한 의사결정을 보완하기 위해 사용한다.
- 투자단위당 순현가의 상대적 수익성을 비교할 수 있다.

□ 단 점

- 상호배타적인 투자안을 비교하는 경우 합리성이 결여될 수 있다.

예제 6 대박물류는 A와 B 두 가지 투자를 고려하고 있다. A 투자안은 400만원을 투자하면 500만원이 들어오고, B 투자안은 200만원을 투자하면 180만원이 들어온다. 두 투자안의 순현가와 수익성지수를 계산하여라.

[해답]

- 투자안 A :

  순현가 = 100만원

  수익성지수 = 500만원/400만원 = 1.25

- 투자안 B :

  순현가 = −20만원

  수익성지수 = 180만원/200만원 = 0.9

여기서 투자안 A는 수익성지수가 1보다 높아 경제성이 있으나, 투자안 B는 1보다 낮아 경제성이 없는 것으로 판단된다.

제8장

포트폴리오 이론

1. 기대수익률과 위험
2. 효율적 분산투자

기대하는 수익률이 높을수록 위험이 커진다고 한다. 기대수익률과 위험을 측정하는 방법에 대해 살펴보고자 한다. 또한 위험을 분산시키기 위해 포트폴리오를 구성한다고 한다. 포트폴리오 의의와 효율적인 투자에 대해 살펴보고자 한다.

1. 기대수익률과 위험

투자자들은 높은 수익률을 기대하고 있으나 기대수익률과 위험은 서로 상충관계에 있어 높은 수익률을 원하는 만큼 더 많은 위험이 상존하고 있다. 이제부터 기대수익률과 위험의 관계에 대해 살펴보자.

(1) 수익률과 위험 프리미엄

1) 수 익 률

수익률은 어느 일정 기간 동안 어떤 자산에 투자했을 때 투자자금이 얼마나 늘어났는지를 의미한다. 수익률은 주어진 기간 동안 투자수익률을 의미하며 보유기간수익률이라 부른다.

투자수익은 다음과 같은 두 가지 요소로 구성되어 있다.

- 투자자산을 소유함으로써 발생하는 현금흐름으로 소득수익이라 한다.
- 투자자산의 가격 변화에 따라 이익이나 손실이 산출되는 경우로 자본이득 또는 자본손실이라 한다.

$$\text{수익률} = \text{배당소득수익률} + \text{시세차익수익률}$$

$$= \frac{D_{t+1}}{P_t} + \frac{P_{t+1} - P_t}{P_t} \tag{8-1}$$

여기서, D_{t+1} : $t+1$기에 지급될 배당

P_t : t기의 주가

P_{t+1} : $t+1$기의 주가

주식투자로 인한 소득수익은 배당소득으로, 자본이득은 시세차익으로 나타낸다. 수익률은 배당소득과 시세차익의 수익률 합으로 표현한다.

2) 위험 프리미엄

위험은 미래에 발생할 수 있는 손실을 의미한다. 위험이 크면 손실의 가능성이 증가하므로 현명한 투자자는 위험을 회피하려 한다. 그러나 위험을 선택하는 경우 이에 상응하는 보상을 요구하는데 이를 위험 프리미엄(risk premium)이라 부른다.

정부가 발행한 국공채는 상환불능위험이 없기 때문에 무위험자산이라 한다. 예를 들어 위험자산인 삼성전자의 수익률이 15%이고 무위험자산인 국공채의 수익률이 5%라 하자. 두 수익률 차이 10%는 삼성전자가 갖고 있는 위험에 대한 보상이라 하고 위험 프리미엄이라 부른다.

(2) 기대수익률과 위험의 측정

투자를 위해 미래를 예측하는 일은 매우 중요하다. 미래는 불확실하게 다가오고 있으므로 투자로 인한 미래의 수익률과 위험을 정확하게 예측하기는 매우 어려울 것이다.

리스나 임대사업 등은 미래의 수익률을 어느 정도 예측할 수 있으나 이자율 변동과 같은 위험은 정확히 예측할 수 없다. 단지 미래에 발생할 상황에 대해 일정한 확률을 제시하면서 투자에 대한 의사결정을 내리고 있다. 투자의 성공여부는 기대수익률과 위험의 상관관계에 의해 결정된다.

1) 기대수익률 측정

기대수익률(expected return)은 투자에 대한 보상으로 어느 자산에 대한 투자를 수없이 반복함으로써 얻게 되는 평균 보유기간수익률이다. 투자에 대한 의사결정은 현재의 투자금액과 투자수익인 미래 기대수익률을 함께 고려해야 한다. 현재의 투자금액은 알 수 있지만 미래 기대수익률은 정확히 예측하기 어렵다.

미래의 기대수익률은 미래 경기상황을 여러 개로 예측하고 각 경기상황에 따라 발생 가능한 수익률을 예측하는데 이때 확률분포표를 사용한다. 기대수익률의 공식은 다음과 같다.

$$E(R) = \sum_i p_i \cdot r_i \qquad (8\text{-}2)$$

여기서, $E(R)$: 기대수익률

p_i : i 상황이 일어날 확률

r_i : i 상황에서 발생 가능한 수익률

2) 위험의 측정

자산의 위험을 측정하기 위해 분산(variance)과 표준편차(standard deviation)를 사용한다. 분산은 평균값에서 실제값이 얼마나 떨어져 있는지 측정하기 위해 평균값과 실제값 사이의 거리를 제곱한 값들의 기대값으로 표시한다.

분산값이 클수록 실제값이 평균에서 더욱 멀리 떨어져 있음을 나타내며 수익률 분포가 더 넓게 분포되어 있음을 나타낸다. 분산은 편차의 제곱이므로 퍼센트의 제곱으로 나타난다.

표준편차는 분산을 제곱근한 것으로 위험의 척도를 기대수익률과 같은 퍼센트로 나타내어 사용한다. 위험은 분산 또는 표준편차로 나타내며 공식은 다음과 같다.

$$분산 = \sigma^2 = \sum_I [r_i - E(R)]^2 \cdot p_i \tag{8-3}$$

$$표준편차 = \sigma = \sqrt{\sigma^2} \tag{8-4}$$

여기서, $E(R)$: 기대수익률

p_i : i 상황이 일어날 확률

r_i : i 상황에서 발생 가능한 수익률

예제 1 다음은 A주식과 B주식에 대한 확률분포표이다. 두 주식의 분산과 표준편차를 구하여라.

		각 상황의 수익률	
경기상황	확률	A주식	B주식
불 경 기	1/3	−15%	20%
보통경기	1/3	20%	0%
호 경 기	1/3	40%	10%

[해답]

① A주식과 B주식의 기대수익률은

$$E(R_A) = ⅓ \times (-15\%) + ⅓ \times 20\% + ⅓ \times 40\% = 15\%$$

$$E(R_B) = ⅓ \times 20\% + ⅓ \times 0\% + ⅓ \times 10\% = 10\%$$

② 다음과 같은 표의 양식을 만들어 보자.

ⓐ 경기상황 (i)	ⓑ 경기 상황의 확률 (p_i)	ⓒ 수익률 (r_i)	ⓓ $r_i - E(R)$	ⓔ $[r_i - E(R)]^2$	ⓕ ⓑ×ⓔ
주식 A					
불경기	⅓	−0.15	$-0.15-0.15=-0.30$	$(-0.30)^2=0.09$	0.03
보통경기	⅓	0.20	$0.20-0.15=0.05$	$(0.05)^2=0.0025$	0.0008
호경기	⅓	0.40	$0.40-0.15=0.25$	$(0.25)^2=0.0625$	0.0208
					$\sigma_A^2=0.0516$
주식 B					
불경기	⅓	0.20	$0.20-0.10=0.10$	$(0.10)^2=0.01$	0.0033
보통경기	⅓	0.00	$0.00-0.10=-0.10$	$(-0.10)^2=0.01$	0.0033
호경기	⅓	0.10	$0.10-0.10=-0.00$	$(-0.00)^2=0.00$	0.0000
					$\sigma_B^2=0.0066$

따라서 두 주식의 표준편차는 다음과 같다.

$$\sigma_A = \sqrt{0.0516} = 0.227$$

$$\sigma_B = \sqrt{0.0066} = 0.081$$

앞서 보여준 〈예제 1〉의 결과를 요약하면 다음과 같다.

	주식 A	주식 B
기대수익률($E(R)$)	15%	10%
위 험(σ^2)	0.0516	0.0066
표준편차(σ)	22.7%	8.10%

주식 A는 주식 B에 비해 높은 수익률을 기대할 수 있으나 높은 위험($\sigma A > \sigma B$)을 가지고 있다. 주식 B는 주식 A에 비해 수익률은 낮지만 위험이 낮게 나타났다.

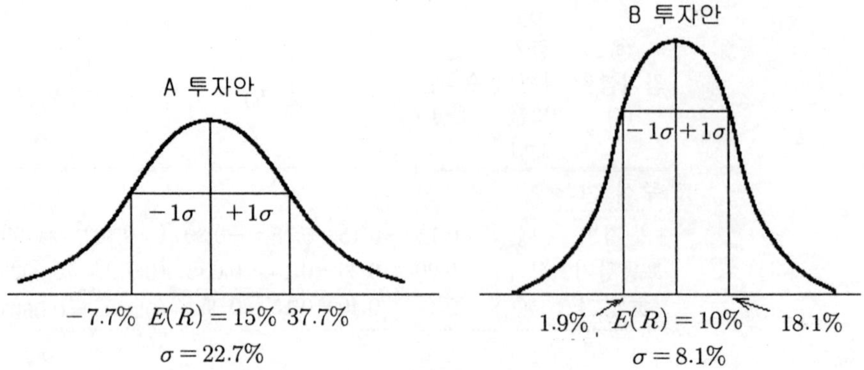

[그림 8-1] 두 투자안의 위험비교

또한 주식 A는 15% ± 22.7%로 −7.7~37.7%의 수익률을 얻을 수 있으며 주식 B는 10% ± 8.1%로 1.9~18.1%의 수익률을 얻을 수 있다. 둘 중에서 어느 쪽이 더 바람직한 투자인지는 개인적인 선호도에 달려 있다.

(3) 위험회피와 효용함수

기대수익률과 위험을 선택하는 정도에 조금씩 차이가 있다. 투자자는 다양한 기대수익률과 위험을 가진 포트폴리오에 대해 선호도의 순서를 정하는데 효용 크기에 따라 최종선택을 하게 된다. 투자자는 위험에 대해 위험회피형, 위험중립형, 위험선택형으로 구분하고 있다. 위험회피형을 합리적인 투자자라 부른다.

1) 위험회피형

위험회피형은 주어진 조건이 동일하다면 가능한 적은 위험을 선호하고, 위험을 감수할 때는 반드시 보상을 요구하는 투자자이다.

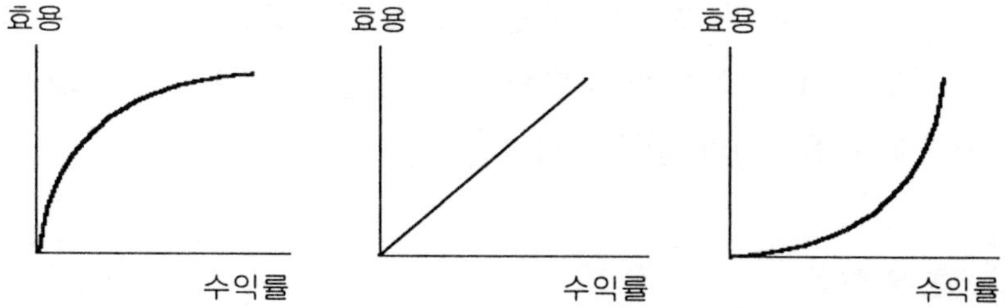

(a) 위험회피형 효용함수 (b) 위험중립형 효용함수 (c) 위험선호형 효용함수

[그림 8-2] 위험회피형, 중립형, 선호형 효용함수

투자자의 효용함수는 (a)와 같이 원점에 대해 오목한 형태로 부의 증가에 따라 효용은 체감적으로 증가하는 형태이다. 위험을 부담할 때는 반드시 보상을 요구하므로 위험프리미엄이 항상 양(+)의 값을 갖는다.

2) 위험중립형

위험중립형은 위험의 크기와 관계없이 기대수익률에 의해서만 의사결정을 하는 투자자이다. 투자자의 효용함수는 (b)와 같이 부의 증가에 대해 일정하게 증가하는 직선의 형태이다. 위험을 부담하더라도 보상을 요구하지 않기 때문에 위험 프리미엄이 항상 0의 값을 갖는다.

3) 위험선호형

위험선호형은 주어진 조건이 동일하다면 위험이 큰 투자를 선호하려는 투자자이다.

투자자의 효용함수는 (c)와 같이 원점에 대해 볼록한 형태로 부의 증가에 따라 효용이 체증적으로 증가하는 형태이다. 대가를 지불하면서까지 위험을 부담하고자 하는 투자자이므로 위험프리미엄이 항상 음(−)의 값을 갖는다.

4) 효용함수

모든 투자자는 효용이 큰 투자를 선호하고 있다. 효용함수는 기대수익률과 위험, 효용, 투자자의 위험회피정도를 나타낼 때 사용하는 이차함수형 공식으로 다음과 같이 나타낸다.

$$U = E(r) - 0.005A\sigma^2 \tag{8-5}$$

여기서, U : 효용
$E(r)$: 포트폴리오 기대수익률
A : 위험회피정도
σ^2 : 포트폴리오 분산

효용함수에서 A는 투자자의 위험회피 정도를 나타내는 수치로 클수록 위험회피 정도가 크다고 본다. 또한 기대수익률과 표준편차를 백분율(%)로 표시하기 위해 0.005를 곱해주고 있다. 효용함수에 대한 설명은 다음과 같다.

첫째, 기대수익률이 클수록 효용은 커진다.

둘째, 분산이 작을수록 효용은 커진다.

셋째, 기대수익률과 분산이 같아도 위험회피 정도가 크면 효용은 작아진다.

넷째, 위험회피형일수록 위험회피 정도가 커지므로 효용은 작아진다.

2. 효율적 분산투자

(1) 포트폴리오의 기대수익률과 위험

투자자들은 적은 위험에 높은 수익률 그리고 확실한 결과를 선호하고 있다. 포트폴리오 이론은 투자자들에게 가장 적은 위험으로 원하는 수익률을 얻을 수 있도록 자산결합의 구성을 알려주고 있다. 투자자들은 실전에서 하나의 자산이 아니라 두 개 이상의 자산에 분산투자를 시도하고 있다.

1) 포트폴리오의 기대수익률

최적 포트폴리오를 구성하기 위해 먼저 두 개의 위험자산으로 구성된 포트폴리오를 살펴보고 다수의 이후 다수의 자산으로 확대하기로 한다. 두 개의 위험자산으로 구성된 포트폴리오의 기대수익률 공식은 다음과 같다.

$$E(r_p) = w_1 E(r_1) + w_2 E(r_2) \tag{8-6}$$

여기서, $E(r_p)$: 포트폴리오의 기대수익률

w_1, w_2 : 자산 1, 자산 2의 투자비중

$E(r_1)$: 자산 1의 기대수익률

$E(r_2)$: 자산 2의 기대수익률

두 개의 위험자산을 결합한 포트폴리오의 기대수익률은 각 개

별자산의 기대수익률을 투자비중에 따라 가중평균한 것이다. 일반적으로 n개의 자산으로 포트폴리오를 구성한 기대수익률 공식은 다음과 같다.

$$E(r_p) = \sum_{I=1}^{n} w_i \cdot E(r_i)$$

$$\sum_{I=1}^{n} w_i = 1 \qquad (8\text{-}7)$$

여기서, $E(r_p)$: 포트폴리오의 기대수익률

w_i : 자산 i의 투자비중

$E(r_i)$: 자산 i의 기대수익률

예제 2 대박증권은 3개의 주식에 분산투자하고자 한다. 소유자금을 1/3일씩 나누어 각 주식에 투자한다면 향후 이 포트폴리오의 기대수익률은 얼마나 될까?

경기상황	확률	각 주식의 수익률		
		A주식	B주식	C주식
불경기	30%	5%	10%	3%
보통경기	20%	10%	8%	10%
호경기	50%	25%	20%	30%

[해답]

① A, B, C 주식의 기대수익률을 구한다.

$$E(r_A) = 0.3 \times 0.05 + 0.2 \times 0.1 + 0.5 \times 0.25 = 0.16$$

$$\therefore 16.0\%$$

$$E(r_B) = 0.3 \times 0.10 + 0.2 \times 0.08 + 0.5 \times 0.2 = 0.146$$

$$\therefore 14.6\%$$

$$E(r_C) = 0.3 \times 0.03 + 0.2 \times 0.1 + 0.5 \times 0.30 = 0.179$$
$$\therefore 17.9\%$$

② 포트폴리오의 기대수익률을 구한다.

$$E(r_p) = (1/3) \times 16.0\% + (1/3) \times 14.6\% + (1/3) \times 17.9\%$$
$$= 16.17\%$$

2) 포트폴리오의 위험

포트폴리오의 위험을 측정하는 경우에는 각 자산의 위험을 단순히 가중평균하는 것이 아니라 두 자산 사이의 상관관계도 함께 고려해야 한다. 자산들의 수익률 간 상관계수(correlation coefficient)의 크기에 따라 포트폴리오 위험이 크게 변하기 때문이다.

① 공분산과 상관계수

$$\text{분산} = {\sigma_p}^2 = {w_1}^2{\sigma_1}^2 + {w_2}^2{\sigma_2}^2 + 2w_1w_2\beta_{12}\sigma_1\sigma_2 \tag{8-8}$$

여기서 ${\sigma_p}^2$: 포트폴리오 위험(분산)

${\beta_1}^2$: 자산 1과 자산 2 사이의 상관계수

상관계수는 경제환경의 변화에 따라 두 자산의 수익률이 변동하는 상호관계를 나타낸다. 상관계수는 포트폴리오 위험을 측정하는 데 매우 중요하며 포트폴리오 효과를 이해하는 데 사용하기도 한다.

공분산은 각 개별자산의 분산들이 서로 겹쳐지는 정도를 나타낸다. 두 자산의 수익률이 같은 방향으로 움직이면 정(+)의 값을 가지며 두 자산의 수익률은 유사하게 나타난다.

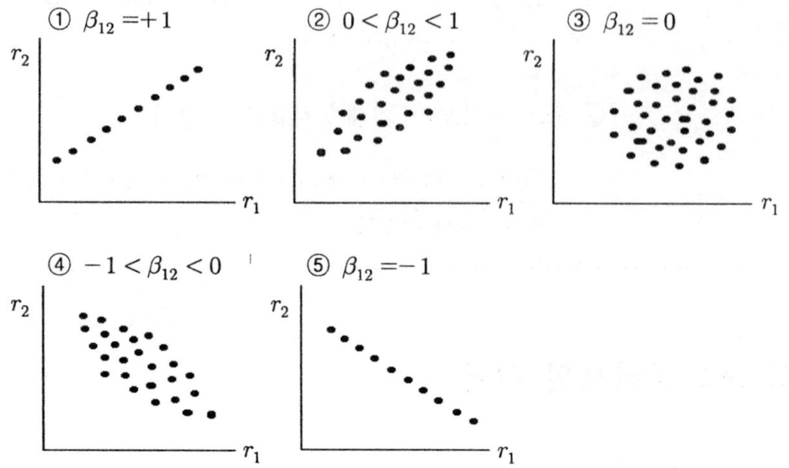

[그림 8-3] 두 변수 간의 상관관계

반대 방향으로 움직이면 부(−)의 값을 갖게 되어 두 자산의 수익률은 서로 상이하게 움직인다.

두 자산의 수익률 간 관계를 측정하는 척도로 상관계수와 공분산(covariance)이 있다. 자산들의 수익률 간 상관관계를 수치적으로 파악하기 위해 상관계수와 공분산을 측정하고 있다. 공분산은 두 자산 간 수익률이 함께 변동하는 정도를 수치화한 것으로 공식은 다음과 같다.

$$\begin{aligned}\sigma_{xy} &= Cov(r_1, r_2) = \sum \left[r_{1i} - E(r_1)\right]\left[r_{2i} - E(r_2)\right] \cdot P_i \\ &= E\left[\{r_1 - E(r_1)\}\{r_2 - E(r_2)\}\right] \qquad (8\text{-}9)\end{aligned}$$

여기서 $Cov(r_1, r_2)$: 자산 1, 자산 2 사이의 공분산

r_{1i}, r_{2i} : 자산 1, 자산 2의 예상수익률

$E(r_1)$, $E(r_2)$: 자산 1, 자산 2의 기대수익률

P_i : r_{1i}, r_{2i}가 동시에 일어날 확률

공분산이나 상관계수 모두 두 자산의 수익률 방향을 측정하는 척도로 사용한다. 상관계수는 표준화된 값을 가지고 있어 두 자산의 수익률 간 상관관계의 정도를 정확하게 표시할 수 있다. 그러나 공분산은 측정단위에 따라 결과가 다양한 크기로 나타난다.

상관계수(β)는 두 자산의 수익률 간 상관관계를 정확히 나타내 주는 수치로 공분산을 각 변수의 표준편차의 곱으로 나누어 계산한다. 두 자산 간 상관계수는 -1과 $+1$ 사이의 값을 가지며 공식은 다음과 같다.

$$\beta_{12} = \frac{Cov(r_1, r_2)}{\sigma_1 \sigma_2} \tag{8-10}$$

② 상관계수의 크기와 포트폴리오 위험

□ $\beta_{12} = 1$인 경우 : 완벽한 '정'의 상관관계

$$\sigma_p{}^2 = w_1{}^2\sigma_1{}^2 + w_2{}^2\sigma_2{}^2 + 2w_1w_2\sigma_1\sigma_2 = (w_1\sigma_1 + w_2\sigma_2)^2$$

$$\Rightarrow \quad \sigma_p = w_1\sigma_1 + w_2\sigma_2 \tag{8-11}$$

이 경우 포트폴리오 위험은 개별자산 위험의 가중평균과 같아지므로 분산투자를 하더라도 투자위험은 줄어들지 않으며 포트폴리오 결합선은 직선의 형태가 된다.

□ $\beta_{12} = -1$인 경우 : 완벽한 '부'의 상관관계

$$\sigma_p{}^2 = w_1{}^2\sigma_1{}^2 + w_2{}^2\sigma_2{}^2 - 2w_1w_2\sigma_1\sigma_2 = (w_1\sigma_1 - w_2\sigma_2)^2$$

$$\Rightarrow \quad \sigma_p = |w_1\sigma_1 - w_2\sigma_2| \tag{8-12}$$

이 경우 분산투자 효과가 극대화되어 포트폴리오 결합선은 꺾

은선 모양이 된다. 개별자산의 비중을 적절히 조정하면 포트폴리오 위험을 0으로 만들 수도 있다.

□ $-1 < \beta_{12} < 1$인 경우 : 현실적으로 가능한 경우

만일 $\beta_{12} = 0$이라면

$$\sigma_p{}^2 = w_1{}^2\sigma_1{}^2 + w_2{}^2\sigma_2{}^2$$

$$\Rightarrow \quad \sigma_p = (w_1{}^2\sigma_1{}^2 + w_2{}^2\sigma_2{}^2)^{\frac{1}{2}} \tag{8-13}$$

이 경우 포트폴리오 결합선은 포물선으로 된다. 개별자산의 상관관계가 완전 정의 관계($\beta_{12} = 1$)인 경우를 제외한 모든 경우에 분산투자를 통해 투자위험을 줄일 수 있다. 분산효과는 상관관계가 낮을수록 크게 나타나 -1에 가까울수록 더욱 커진다.

상관계수에 따른 포트폴리오 위험과 기대수익률 사이의 관계가 [그림 8-4]에 나타나 있다. 상관계수는 -1과 1 사이의 값을 가지므로 두 주식으로 구성된 모든 포트폴리오는 삼각형 내에 위치하게 된다.

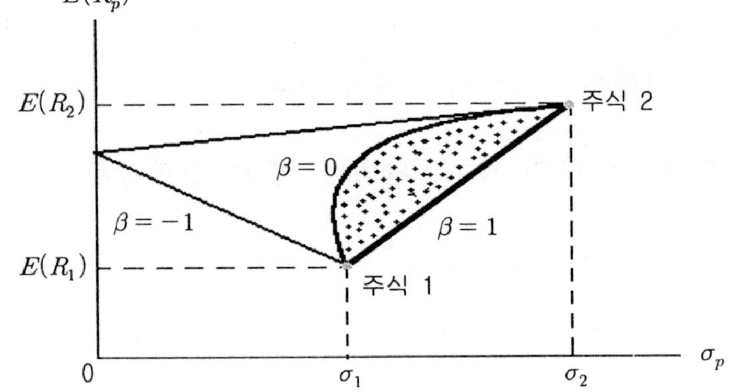

[그림 8-4] 포트폴리오의 기대수익률과 위험의 상관관계

그러나 대다수 주식들이 GDP 성장률이나 이자율, 환율 변동 등 시장위험에 동일한 영향을 받으므로 개별주식 수익률 간의 상관계수는 0과 1 사이의 값을 갖는다. 두 주식으로 구성된 포트폴리오는 곡선으로 나타나며 점선으로 표시된다.

(2) 포트폴리오 의의

대다수 투자자들은 개별자산의 두 개 이상의 자산에 포트폴리오를 구성하여 투자하고 있다. 개별자산의 위험과 포트폴리오의 위험 사이에 많은 차이가 있어 투자자들은 포트폴리오를 구성하여 위험감소 효과를 얻고자 한다.

1) 포트폴리오 효과

포트폴리오는 두 개 이상의 자산결합을 의미한다. 투자자들은 위험을 줄이기 위해 투자자금을 국민은행, 삼성전자, POSCO, 종근당 등 여러 종목에 나누어 투자하고 있다.

예를 들어 국민은행 한 종목에만 투자했다고 가정해 보자. 이 경우 국민은행에는 두 가지의 위험이 영향을 미칠 수 있다. 첫째, 통화량, 이자율, 물가, 원자재가, 유가, 환율 등과 같은 시장전반에 영향을 미칠 수 있는 시장위험(market risk)이 있다. 둘째, 경영스타일, 투자손실, 영업손실, 환차손, 부실채권 등과 같은 국민은행만의 기업고유위험(firm-specific risk)이 있을 수 있다.

이번에는 국민은행과 종근당을 반반씩 투자하는 포트폴리오를 가정해 보자. 이 경우 기업고유위험이 서로 상쇄하여 포트폴리오의 위험감소 효과가 나타날 것으로 보인다.

예를 들어 유행병이 출몰하게 되면 생산 및 투자위축으로 국민은행 주가는 하락할 수 있지만 치료제를 생산하는 종근당 주가는 상승할 가능성이 높아 보인다. 따라서 포트폴리오 구성으로 안정된 수익률을 기대할 수 있다.

포트폴리오에 새로운 종목이 추가될 경우 기업고유위험이 노출되면서 위험감소효과가 크게 나타날 수 있다. 그러나 다양한 종목으로 구성된 포트폴리오라 하여도 기업고유위험은 제거할 수 있으나 시장위험은 제거될 수 없다.

2) 분산투자의 원칙

[그림 8-5]는 포트폴리오 효과를 잘 나타내고 있다. 세로축은 분산으로 위험(σ_p^2)을 나타내고 가로축은 포트폴리오를 구성하는 종목수(n)를 나타내고 있다. 두 개 이상의 종목에 분산투자하면 기업고유위험을 줄일 수 있는데 이를 분산가능위험(diversifiable risk)이라 한다. 또한 분산투자로 인해 제거할 수 없는 시장위험이 있는데 이를 분산불능위험(non-diversifiable risk)이라 부른다.

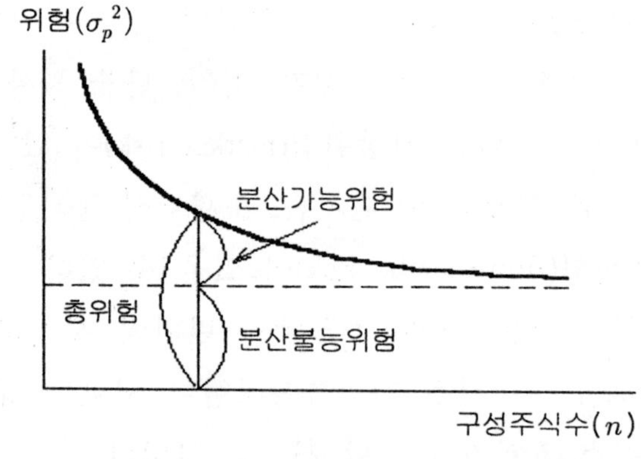

[그림 8-5] 포트폴리오 분산투자효과

(3) 체계적 위험과 비체계적 위험

어떤 자산의 총위험은 시장 전체의 수익률에 영향을 미치는 부분과 특정자산이나 개별종목에 영향을 미치는 부분으로 구분하고 있다. 총위험 중에서 시장 전체에 영향을 미치는 부분을 체계적 위험(systematic risk)이라 부르고, 개별기업고유위험에 영향을 미치는 부분을 비체계적 위험(nonsystematic risk)이라 부른다.

분산투자하여도 감소하지 않는 분산불능위험을 체계적 위험이라 하는데 전쟁, 지진, 전염병 또는 경기, 이자율, 물가, 환율, 통화량변동 등이 있다. 이 요인들은 시장 내에 속해 있는 모든 자산에 동일한 영향을 미친다.

반면 분산투자함으로써 감소될 수 있는 분산가능위험을 비체계적 위험이라 부르는데 개별기업의 구조조정이나 화재, 투자손실, 특허신청실패 등이 있다. 이 요인들은 개별기업에만 영향을 미친다.

실제수익률은 기대수익률과 총위험으로 구성되어 있으며 총위험은 체계적 위험과 비체계적 위험으로 구성되어 있다.

실제수익률＝기대수익률＋총위험
＝기대수익률＋체계적 위험＋비체계적위험

(4) 체계적 위험과 베타계수

자산에 대한 총위험에는 체계적 위험과 비체계적 위험이 있다. 체계적 위험은 분산투자로 제거될 수 없지만 비체계적 위험은 분산투자로 제거될 수 있는 위험이다. 위험을 감수하는 경우에만 보상이 주어지므로 위험을 감수하는 것에 대한 보상은 오직 체계적 위험에만 달려 있다.

비체계적 위험은 어떠한 비용의 투입 없이 제거될 수 있기 때문에 이것을 감수하는 것에 대한 보상은 없다. 따라서 자산의 실제수익률을 결정하는 것은 오직 체계적 위험뿐이다.

체계적 위험은 베타계수를 이용하여 측정하는데 투자에 앞서 측정할 필요가 있다. 베타는 시장평균에 비해 특정자산의 체계적 위험이 얼마나 되는지를 파악하는 것으로 베타가 클 경우에는 큰 체계적 위험을 갖고 있어 보다 큰 기대수익을 예상할 수 있다.

포트폴리오의 베타는 다음과 같은 공식으로 계산한다.

$$\beta_p = \sum_{i=1}^{n} w_i \beta_i \tag{8-14}$$

여기서 β_p : 포트폴리오 베타계수
w_i : 자산 i의 투자비중
β_i : 자산 i의 베타계수

예제 3 다음과 같은 포트폴리오를 구성하고자 한다.

주식	투자액(만원)	기대수익률	베타
A	1,000	5%	0.6
B	2,000	10%	0.8
C	3,000	15%	1.1
D	4,000	20%	1.4

이 포트폴리오의 기대수익률과 베타계수를 구하여라. 이 포트폴리오의 체계적 위험은 평균자산과 비교하여 더 높은가 낮은가?

[해답]

① 답을 구하기 위해 각 자산의 투자비율을 구한다.

$$A=0.1,\quad B=0.2,\quad C=0.3,\quad D=0.4$$

② 기대수익률을 구한다.

$$\begin{aligned}E(R_p)&=0.1\times E(R_A)+0.2\times E(R_B)+0.3\times E(R_C)\\&\quad+0.4\times E(R_D)\\&=0.1\times 5\%+0.2\times 10\%+0.3\times 15\%+0.4\times 20\%\\&=15\%\end{aligned}$$

③ 베타계수를 구한다.

$$\begin{aligned}\beta_p&=0.1\times\beta_A+0.2\times\beta_B+0.3\times\beta_C+0.4\times\beta_D\\&=0.1\times 0.6+0.2\times 0.8+0.3\times 1.1+0.4\times 1.4\\&=1.11\end{aligned}$$

④ 이 포트폴리오는 기대수익률이 15%, 베타값이 1.11이다. 베타계수가 1보다 크므로 이 포트폴리오는 평균자산보다 더 큰 체계적 위험을 갖고 있다(평균자산의 베타는 1이다).

---

(5) 효율적 투자기회선

1) N개의 위험자산으로 구성된 포트폴리오

분산투자로 인한 위험감소 효과는 보다 많은 수의 자산을 결합하는 경우에 더 크게 나타날 수 있다. 세 가지 자산을 결합한 기대수익률과 분산은 다음과 같다.

$$E(R_P)=\sum_{j=1}^{3}w_j\,E(R_j)$$

$$\sigma_P^2 = w_1^2 \sigma_1^2 + w_2^2 \sigma_2^2 + w_3^2 \sigma_3^2 + 2w_1 w_2 \sigma_{12} + 2w_2 w_3 \sigma_{23} + 2w_3 w_1 \sigma_{31}$$
$$= \sum_{i=1}^{3} \sum_{j=1}^{3} w_i w_j \sigma_{ij}$$

이번에는 N개 자산으로 구성된 포트폴리오의 기대수익률과 위험은 다음과 같다.

$$E(R_P) = \sum_{j=1}^{N} w_j E(R_j)$$
$$\sigma_P^2 = \sum_{i=1}^{N} \sum_{j=1}^{N} w_i w_j \sigma_{ij}$$

2) 효율적 포트폴리오와 효율적 투자기회선

① 효율적 포트폴리오

기대수익률이 동일한 포트폴리오들 중에서 분산이 가장 작거나 분산(또는 표준편차)이 동일한 포트폴리오 중에서 기대수익률이 가장 높은 포트폴리오를 효율적 포트폴리오라 부른다.

투자자들은 기대수익률을 원하는 수준에 맞추고 포트폴리오의 분산을 최소화하도록 개별자산의 투자비율을 결정하고자 할 것이다. 이 경우는 다음과 같이 표현할 수 있다.

$$\text{minimize} \quad \sigma_P^2 = \sum_{i=1}^{N} \sum_{j=1}^{N} w_i w_j \sigma_{ij}$$
$$\text{subject to} \quad \sum_{j=1}^{N} w_j E(R_j) = E(R_P)^* \qquad \text{단, } E(R_P)^* = \text{상수}$$
$$\sum_{j=1}^{N} w_j = 1$$

② 효율적 투자기회선

투자자들은 투자의 효율성을 얻기 위하여 평균분산의 지배원리에 의해 행동하게 된다. 완전공분산모형은 동일한 기대수익률에서 최소의 분산을 갖는 효율적 포트폴리오를 구하는 방법이다.

투자기회집단 중에서 분산(위험)이 가장 작은 포트폴리오를 MVP (Minimum Variance Portfolio)라 할 때, 최소분산 포트폴리오들 중에서 MVP 위쪽에 있는 효율적 포트폴리오 집합을 효율적 투자기회선(efficient frontier) 혹은 마코위츠 프런티어(Markowitz frontier)라 한다.

이 선상의 모든 포트폴리오들은 동일한 기대수익률을 가진 포트폴리오들 중에서 최소의 분산을 가지며, 동일한 분산을 가진 포트폴리오들 중에서 최대의 기대수익률을 갖는 효율적 포트폴리오들이다.

[그림 8-6]을 보면 같은 위험수준에서 A는 B보다 기대수익이 더 크고, 같은 기대수익 수준에서 C는 D보다 위험이 더 작다. MVP를 최소분산포트폴리오라 하고 MVP 위쪽의 곡선을 효율적 투자기회선이라 부른다.

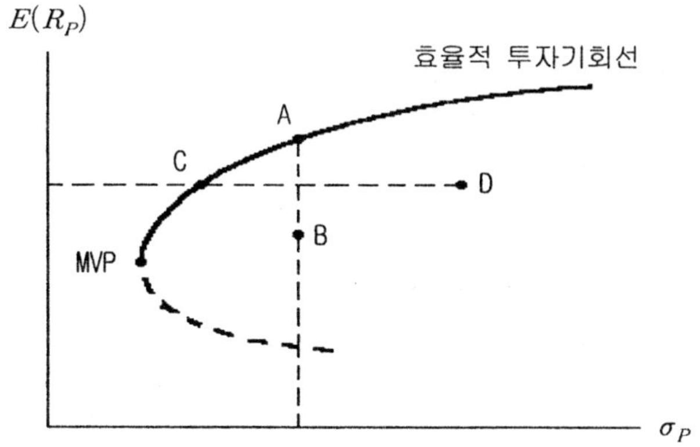

[그림 8-6] 효율적 투자기회선

제9장

자본자산결정모형과 증권시장선

1. 자본자산결정모형의 의의와 가정
2. 무위험자산과 최적 포트폴리오
3. 증권시장선

자본자산결정모형의 의의와 가정에 대해 살펴보고 무위험자산과 위험자산으로 구성된 포트폴리오에 대해 살펴보고자 한다. 자본시장선과 증권시장선의 의미와 시장균형 그리고 이를 비교해 보고자 한다.

1. 자본자산결정모형의 의의와 가정

자본자산결정모형은 자본시장이 균형상태를 이룰 때 자본자산의 기대수익률과 위험과의 관계를 예측하는 모형이다. 즉, 무위험자산이 존재하는 완전자본시장의 가정하에서 자본자산의 기대수익률이 체계적 위험과 선형관계를 갖는다는 이론이다.

(1) 자본자산결정모형의 의의

자본자산은 미래의 수익에 대해 청구권을 가지는 자산으로 주식과 회사채 등 유가증권을 말한다.

자본시장의 균형이론은 자본시장에서 거래되는 모든 자산들이 수요와 공급이 일치하는 균형상태에서 가격이 어떻게 결정되는지 설명하는 이론이다. 즉 위험과 기대수익률 사이에 어떤 관계가 성립하는지 설명하는 이론이다.

균형가격은 수요와 공급이 일치하여 초과수요나 초과공급이 존재하지 않도록 결정된 가격을 말한다.

균형상태에서는 가격이 일정하지만 불균형상태에서는 가격이 계속 변화한다. 자본자산에 대한 균형은 다음 두 가지 조건 중 하나가 충족되어야 한다.

□ 차익거래 해소의 조건

차익거래를 통해 양(+)의 이익을 얻을 수 없는 상태로 차익거래가 없어야 균형이 달성된다.

□ **최적 포트폴리오의 조건**

시장 포트폴리오가 모든 투자자들이 보유하고자 하는 최적위험 포트폴리오와 동일할 때 균형이 달성된다.

(2) 자본자산결정모형의 가정

자본자산결정모형(CAPM : Capital Asset Pricing Model)을 이해하기 위해 몇 가지 가정들을 살펴보고자 한다. 모든 투자자들이 포트폴리오 이론에 따라 행동하는 것으로 가정하고 다음 가정들을 CAPM에 그대로 적용해 보자.

① **평균 · 분산기준** : 투자자는 기대수익률과 분산에 의해 효율적 분산투자를 선택한다.

② **완전자본시장** : 자본시장에는 세금이나 거래비용 등 거래의 마찰요인이 존재하지 않으며 경쟁적이고 정보효율적인 시장이다.

③ **무위험자산의 존재** : 무위험자산이 존재하고 모든 투자자들은 무위험이자율로 자금을 무한히 차입하거나 대출이 가능하다.

④ **동질적 미래예측** : 모든 투자자는 각 자산의 수익률과 위험에 대해 동일한 예측을 한다.

⑤ **위험회피형 선호** : 모든 투자자는 기대효용을 극대화하기 위해 투자한다.

⑥ **균형시장** : 자본시장은 수요와 공급이 일치하는 균형상태를 이루고 있다.

2. 무위험자산과 최적 포트폴리오

주식, 회사채, 국공채, 예금, 부동산 등 수익률과 위험이 서로 다른 다양한 자산에 어떻게 배분하여 투자해야 할지 자산배분의 문제를 결정해야 한다. 이 문제는 위험자산과 무위험자산에 대한 투자비율을 결정하는 것이다. 무위험자산을 포함하여 포트폴리오를 구성할 때 최적의 포트폴리오를 구성하는 문제에 대해 살펴보고자 한다.

(1) 무위험자산과 위험자산으로 구성된 포트폴리오

1) 무위험자산

상황변화에 관계없이 확정된 수익률이 보장되어 그 위험이 0이 되는 것을 무위험자산이라 부른다.

$$E(R_f) = R_f, \qquad \sigma(R_f) = 0$$

여기서, $E(R_f), \sigma(R_f)$: 무위험자산의 기대수익률과 표준편차

R_f : 무위험이자율

무위험자산의 수익률을 무위험이자율 또는 무위험수익률이라 부른다. 일반적으로 국공채, 정기예금 등이 단기간에 이자율변동 위험이 없고 확정적인 수익률을 보장해 주고 있어 무위험자산으로 알려져 있다.

2) 위험자산과 무위험자산으로 구성된 포트폴리오

위험자산으로 구성된 포트폴리오보다 무위험자산을 포함한 포트폴리오의 경우 더 우수한 투자성과를 얻을 수 있다. 먼저 위험자산 A에 투자자금의 w를 투자하고 나머지를 무위험자산에 투자한 경우 기대수익률과 위험을 구해 보도록 하자.

$$\begin{aligned} E(R_f) &= w \cdot E(R_A) + (1-w) \cdot R_f \\ &= R_f + w \cdot [E(R_A) - R_f] \end{aligned} \tag{9-1}$$

$$\sigma_P^2 = w^2 \sigma_A^2 + (1-w)^2 \sigma_f^2 + 2w(1-w)\sigma_{Af} \tag{9-2}$$

여기서, R_f : 무위험이자율

$E(R_A)$: 위험자산 A의 기대수익률

σ_A^2 : 위험자산 A의 분산

σ_f^2 : 무위험자산의 분산

w : 위험자산 A의 투자비율

$1-w$: 무위험자산에 대한 투자비율

σ_{Af} : 위험자산 A의 수익률과 무위험이자율 사이의 공분산

위 식에서 무위험이자율이 일정하므로 분산 σ_f^2는 0이 되므로 무위험이자율과 위험자산 A의 수익률 사이의 공분산 σ_{Af} 역시 0이 된다.

따라서

$$\sigma_P^2 = w^2 \sigma_A^2$$

$$\Rightarrow \quad \sigma_P = w\sigma_A \quad \Rightarrow \quad w = \sigma_P / \sigma_A \tag{9-3}$$

이 값을 식 (9-1)에 대입하면 위험자산과 무위험자산으로 구성된 포트폴리오의 기대수익률과 위험 사이의 관계식은 다음과 같다.

$$E(R_P) = R_f + \frac{E(R_A) - R_f}{\sigma_A} \sigma_P \tag{9-4}$$

식 (9-4)를 [그림 9-1]에 표시하였다. 위험자산과 무위험자산으로 구성된 포트폴리오의 기대수익률과 위험을 볼 수 있으며 직선 $R_f AX$로 표시되어 선형관계를 나타내고 있다.

직선 $R_f AX$는 위험자산과 무위험자산의 투자비율을 변화시켰을 때 구성할 수 있는 포트폴리오 집합을 의미한다. 위험자산 A와 무위험자산에 나누어 투자한 포트폴리오는 직선 $R_f A$상에 위치하고, 투자자금과 무위험이자율로 차입한 자금을 모두 위험자산 A에 투자한 포트폴리오는 직선 AX상에 위치한다.

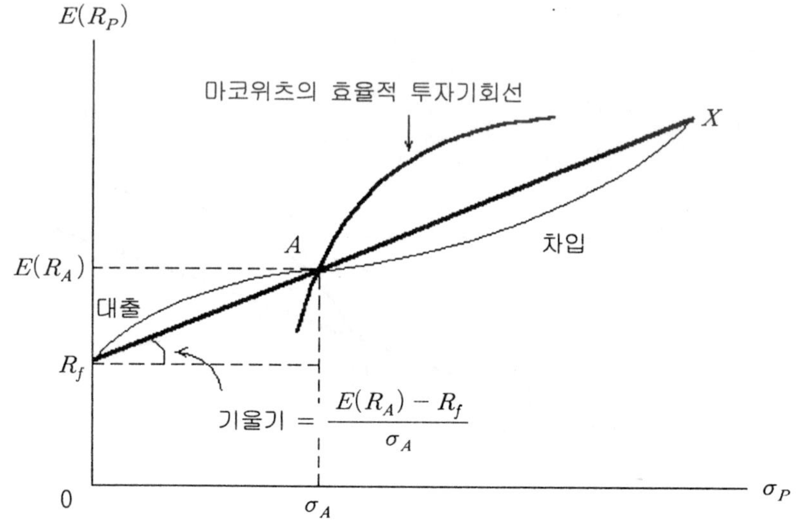

[그림 9-1] 위험자산과 무위험자산으로 구성된 포트폴리오

(2) 자본시장선

자본시장선이 균형상태를 이룰 때 자본자산의 기대수익률과 위험의 관계를 밝히는 모형으로서 자본시장선(CML)과 증권시장선(SML)이 있다.

1) 자본시장선의 의의

포트폴리오 이론은 위험자산만을 대상으로 투자하고 있어 원점에 대해 오목한 곡선의 형태를 보이고 있다. 그러나 국공채와 같은 무위험자산을 포함한 효율적 분산투자는 균형을 이루는 자본시장에서 효율적 포트폴리오의 기대수익률과 위험이 직선으로 표시된다. 이를 자본시장선(Capital Market Line : CML)이라 하며 위험자산과 무위험자산이 결합된 효율적 투자기회선이다.

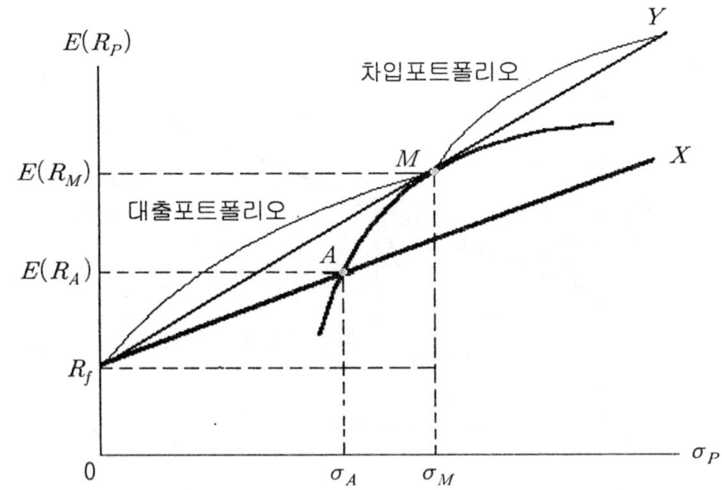

[그림 9-2] 자본시장선(CML)

[그림 9-2]를 보면 무위험자산과 위험자산 A로 구성한 포트폴리오가 직선 R_fAX 상에 놓여 있다. 또한 무위험자산과 위험자산 M로 구성한 포트폴리오가 직선 R_fMY 상에 놓여 있다.

직선 R_fMY는 무위험자산으로부터 효율적 투자기회선과 접하는 직선으로, 모든 위험수준에서 직선 R_fAX 상의 포트폴리오보다 기대수익률이 크기 때문에 직선 R_fAX 상의 포트폴리오를 지배하게 된다.

따라서 직선 R_fMY가 효율적 포트폴리오가 되므로 새로운 효율적 투자기회선이 된다. 이를 자본시장선이라 하며 공식은 다음과 같다.

$$E(R_P) = R_f + \left[\frac{E(R_m) - R_f}{\sigma_m}\right]\sigma_P \qquad (9\text{-}5)$$

여기서, $E(R_m)$: 시장포트폴리오의 기대수익률

σ_m : 시장포트폴리오의 표준편차

자본시장선에서 효율적 포트폴리오의 기대수익률 $E(R_P)$는 표준편차 σ_P에 비례하는 직선식으로 표시된다. 기울기 $[E(R_m) - R_f]/\sigma_m$은 무위험자산과 시장 포트폴리오를 결합하여 얻을 수 있는 위험 1단위에 대한 위험보상률(risk premium)을 나타내며 위험의 균형가격이라 부른다. 균형시장에서는 모든 투자가들의 위험보상이 동일하다.

2) 대출 포트폴리오와 차입 포트폴리오

자본시장선 R_fMY를 직선 R_fM 상의 포트폴리오와 직선 MY

상의 포트폴리오로 나누어 살펴보자. 위험자산 M과 무위험자산 R_f에 나누어 투자한 포트폴리오는 직선 R_fM 상에 놓이게 되는데, 이를 대출 포트폴리오(lending portfolio)라 한다.

또한 투자자금과 무위험이자율로 차입한 자금을 합하여 위험자산 M에 투자한 포트폴리오는 직선 MY 상에 놓이게 되는데, 이를 차입 포트폴리오(borrowing portfolio)라 부른다.

3) 시장 포트폴리오

자본시장선과 효율적 투자기회선의 접점에 해당하는 포트폴리오 M을 시장 포트폴리오(market portfolio)라 부른다. 기대수익률과 위험의 관계를 이해하기 위해 시장 포트폴리오의 특성에 대해 살펴보고자 한다.

첫째, 시장 포트폴리오는 무위험자산과 위험자산으로 구성되어 있는 포트폴리오 중에서 가장 효율적이다. 그 이유는 효율적 투자기회선상의 어떤 포트폴리오보다 자본시장선의 기울기 $[E(R_m) - R_f]/\sigma_m$의 값이 가장 크기 때문이다.

둘째, 시장 포트폴리오는 완전분산투자를 의미하며 자본시장에 존재하는 모든 위험자산으로 구성되어 있다. 모든 투자자는 무위험자산과 시장 포트폴리오에만 투자하게 되어 있어 시장 포트폴리오 내에 포함되어 있는 종목만 투자하고 포함되지 않은 종목은 제외한다.

셋째, 시장 포트폴리오는 시가총액의 구성비율로 구성되어 있으며 모든 투자자들이 위험자산으로 시장 포트폴리오를 선택하고자 한다.

수요와 공급이 일치하는 균형상태시장에서 개별자산에 대한 투자비율(w_i)의 공식은 다음과 같다.

$$w_i = \frac{\text{개별자산 } i\text{의 총시장가치}}{\text{시장전체 자산의 총시장가치}} = \frac{P_i Q_i}{\sum P_i Q_i} \tag{9-6}$$

여기서, P_i : 자산 i의 시장가격

Q_i : 자산 i의 발행량

n : 자본시장 내의 위험자산수

위험자산에 대한 투자금액을 w_i의 비율로 각 자산에 투자하면 시장 포트폴리오와 동일한 수익률을 얻을 수 있다. 그렇지 않으면 특정주식에 대해 초과수요나 초과공급이 나타나 시장 포트폴리오에 비해 가격이 상승하거나 하락하게 된다. 시장 포트폴리오에 대한 투자는 개별자산에 w_i가 되는 포트폴리오를 의미한다.

넷째, 시장 포트폴리오의 구성이 현실적으로 불가능하지만 종합주가지수를 현실적인 대용물로 사용하고 있다. 종합주가지수는 시가총액식으로 계산되었으며 모든 주식을 시장가치 비율대로 포함하고 있다.

4) 토빈의 분리정리

투자자들은 위험선호도에 따라 무위험자산과 시장 포트폴리오의 투자비율을 변화시키고 있다. 이를 토빈의 분리정리(Tobin's separation theorem)라 하며 투자자의 포트폴리오 선택이 두 단계로 나누어져 있음을 의미한다.

첫 번째는 시장 포트폴리오를 구성하는 단계로서 투자자의 위험회피 정도와 무관하게 모든 투자자들이 동일한 최적 위험 포트폴리오를 선택하게 된다.

두 번째는 위험회피 정도를 반영하여 시장 포트폴리오와 무위험자산의 투자비율을 결정하는 단계로서 위험선호도에 따라 달라진다.

모든 투자자들이 선택하는 시장 포트폴리오는 동일하므로 펀드매니저 등 전문운용자가 시장 포트폴리오를 공동으로 관리해 주는 것이 효율적이다.

3. 증권시장선

자본시장선은 균형상태에서 효율적 포트폴리오의 기대수익률과 위험 사이의 선형관계를 나타내지만 개별자산이나 비효율적 포트폴리오의 기대수익률과 위험 사이의 관계는 설명하지 못한다. 반면 증권시장선은 균형상태에서 개별자산이나 비효율적 포트폴리오를 포함한 모든 자산의 기대수익률과 위험 사이의 관계를 설명해 준다.

(1) 증권시장선의 도출

증권시장선(Security Market Line : SML)에 의하면 모든 자산의 기대수익률은 공분산위험 또는 체계적 위험에 따라 결정된다. 시장포트폴리오 분산 σ_m^2은 다음 식과 같다.

$$\sigma_m^{\ 2} = \sum_{i=1}^{n} \sum_{j=1}^{n} w_{im} w_{jm} \sigma_{ij} \tag{9-7}$$

여기서, w_{im} : 시장 포트폴리오를 구성하는 자산 i의 투자비율

w_{jm} : 시장 포트폴리오를 구성하는 자산 j의 투자비율

n : 시장 포트폴리오에 포함된 자산수

σ_{ij} : 자산 i와 자산 j의 수익률 사이의 공분산

이 식을 다음과 같이 정리할 수 있다.

$$\sigma_m = \left(w_{1m} \sum w_{jm} \sigma_{1j} + w_{2m} \sum w_{jm} \sigma_{2j} + \cdots\cdots + w_{nm} \sum w_{jm} \sigma_{nj}\right)^{\frac{1}{2}} \tag{9-8}$$

따라서 시장 포트폴리오에 대한 위험자산 i의 공분산은 다음과 같다.

$$\sigma_{im} = \sum_{j=1}^{n} w_{jm} \sigma_{ij} \tag{9-9}$$

여기서 공분산 σ_{im}은 위험자산 i가 시장 포트폴리오의 총위험에 영향을 미치는 정도를 나타낸다. 위 두 식을 대입하여 정리하면 다음과 같다.

$$\sigma_m = \left(w_{1m} \sigma_{1m} + w_{2m} \sigma_{2m} + \cdots\cdots + w_{nm} \sigma_{nm}\right)^{\frac{1}{2}} \tag{9-10}$$

여기서 σ_{im}은 자산 i와 시장 포트폴리오 사이의 공분산을 나타낸다. 시장 포트폴리오의 총위험은 각 위험자산의 공분산위험(σ_{im})을 투자비율에 따라 가중평균한 것과 동일하다. 이는 투자자들이 공분산위험에 따라 개별자산의 가치를 평가하고 있음을 의미한다.

균형상태에서 투자자들은 시장 포트폴리오에 투자할 것이고 시장 포트폴리오의 분산에 관심을 가질 것이다. 개별자산이 시장 포트폴리오 분산에 영향을 미치는 정도는 개별자산과 시장 포트폴리오 사이의 공분산 크기로 나타난다.

개별자산의 기대수익률은 공분산위험에 따라 결정된다. 공분산위험이 큰 자산일수록 시장포트폴리오의 체계적 위험에 큰 영향을 미치고 작을수록 작은 영향을 미치게 된다. 공분산위험이 큰 자산은 기대수익률이 높은 수준에서, 작은 자산은 낮은 수준에서 결정된다.

(2) 증권시장선의 의미

균형상태에서 개별자산의 기대수익률과 위험 사이에 다음과 같은 관계가 성립한다.

$$E(R_i) = R_f + \left[\frac{E(R_m) - R_f}{\sigma_m^{\ 2}}\right]\sigma_{im} \qquad (9\text{-}11)$$

[그림 9-3 (a)]에서 무위험이자율 R_f는 보유기간까지 소비를 지연시키는 데 따른 시간적 보상을 의미한다. 기울기 $[E(R_m) - R_f]/\sigma_m^{\ 2}$는 직선으로 공분산위험의 단위당 프리미엄을 의미하고 기울기가 상승하고 있어 공분산(σ_{im})이 클수록 기대수익률이 높아야 한다. 이 관계를 증권시장선이라 한다.

체계적 위험은 공분산위험 또는 베타 위험으로 측정한다. 공분산위험이 0인 위험자산은 무위험수익률과 동일한 가격에서 형성되며 체계적 위험이 없다는 것을 의미한다.

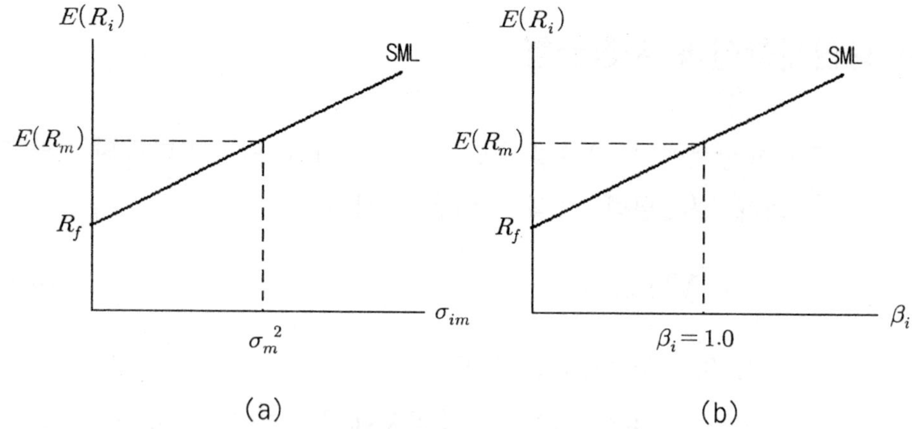

[그림 9-3] 증권시장선

증권시장선을 다음과 같이 정리하였다.

$$E(R_i) = R_f + [E(R_m) - R_f]\beta_i \tag{9-12}$$

$$\beta_i = \frac{\sigma_{im}}{\sigma_m^2}$$

[그림 9-3 (b)]에서 β_i는 자산 i의 베타 계수로 베타 위험을 나타낸다. $[E(R_m) - R_f]$는 증권시장선의 기울기로 베타 위험의 단위당 프리미엄을 의미한다. 베타 계수는 시장 포트폴리오에 비해 개별자산의 수익률이 어느 정도 변하는지 민감도를 나타낸다. 베타 계수는 개별자산의 공분산위험을 시장 포트폴리오의 총위험으로 나누어 측정하므로 공분산위험이 높을수록 베타 위험이 높게 나타난다.

어느 자산의 β_i가 1보다 크면 시장수익률보다 더 크게 움직이므로 공격적 자산이라 부른다. 반대로 β_i가 1보다 작으면 시장수익률보다 더 적게 움직이므로 방어적 자산이라 부른다.

(3) 증권시장선과 시장균형

증권시장선에서 포트폴리오 베타는 개별자산 베타들의 가중평균에 의해 결정된다. 공식은 다음과 같다.

$$\beta_P = \sum w_j \beta_i \tag{9-13}$$

여기서, β_P : 포트폴리오 베타

w_j : 자산 i가 포트폴리오에서 차지하는 비율

β_i : 개별자산 i의 베타

포트폴리오의 기대수익률은 개별자산의 기대수익률을 투자비율에 따라 가중평균하여 구한다. 공식은 다음과 같다.

$$E(R_P) = \sum w_i E(R_i) \tag{9-14}$$

CAPM에 의하면 균형상태에서 모든 자산의 기대수익률은 SML에 놓이게 된다. 그러나 순간적으로 개별자산이 불균형상태에 놓일 수 있다. [그림 9-4]를 보면 베타 위험이 동일한 자산 X가 SML 위에 있고, 자산 Y가 SML 아래에 놓여 있다.

필수수익률이 기대수익률보다 낮은 자산 X는 저평가되어 SML 위에 놓이고, 반대로 필수수익률이 기대수익률보다 높은 자산 Y는 고평가되어 SML 아래에 놓이게 된다.

고평가된 자산 Y를 매도하고 저평가된 자산 X를 매입하는 차익거래에 의해 자산 X의 가격이 상승하고 자산 Y의 가격이 하락하게 된다.

결국 두 자산의 시장가격은 효율적 포트폴리오 P와 일치하는 선에서 형성된다.

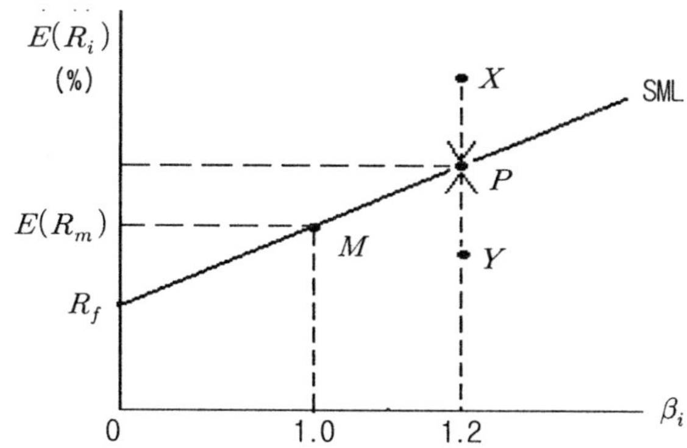

[그림 9-4] 증권시장선의 시장균형 : 베타 위험과 기대수익률

(4) SML과 CML의 비교

CML과 SML은 모두 균형상태의 시장에서 기대수익률과 위험 사이의 선형관계를 나타내는 식이다. 그러나 CML은 무위험자산이 존재할 때 가장 효율적인 포트폴리오들의 기대수익률과 총위험 사이의 선형관계를 나타내고, SML은 개별자산을 포함한 모든 자산을 대상으로 기대수익률과 베타 위험 사이의 선형관계를 나타내는 차이가 있다.

$$\text{CML} : E(R_p) = R_f + \frac{E(R_m) - R_f}{\sigma_m}\sigma_p$$

⇒ 효율적 포트폴리오에만 적용

$$\text{SML} : E(R_i) = R_f + \left[E(R_m) - R_f\right]\beta_i \Rightarrow \text{모든 자산에 적용}$$

CML과 SML이 서로 다른 식이 아니다. CML은 SML을 효율적 포트폴리오에만 적용한 경우라 할 수 있다. 무위험자산이 존재할 경우 효율적 포트폴리오와 시장 포트폴리오 사이의 상관계수 $\beta_{im} = 1$이 되므로 SML과 CML은 동일한 식이 된다.

제10장

자본시장의 효율성

1. 자본시장의 효율성
2. 효율적 시장가설
3. 효율적 시장가설의 실증분석
4. 시장의 이상현상

자본시장의 효율성을 약형 효율적 시장가설, 준강형 효율적 시장가설, 강형 효율적 시장가설로 구분하여 살펴보고 검증하고자 한다. 시장의 이상현상에서는 PER효과, 소규모 기업효과, 주말효과와 정월효과 등에 대해 살펴보고자 한다.

1. 자본시장의 효율성

자본시장의 효율성(market efficiency)은 시장가격이 이용 가능한 모든 정보를 충분히 반영한 상태로 정의하며 정보의 효율성이라 부르기도 한다. 만일 자본시장이 비효율적이라면 자본의 효율적 배분이 저해되고 소수의 투자자들이 비정상 성과를 얻게 되어 부의 배분이 불공평하게 될 것이다.

시장가격이 이용 가능한 정보를 충분히(fully) 반영한다는 것은 관련된 정보가 자본시장에 즉시적으로(instantaneously), 비용 없이 공평하게(costlessly and fairly), 과민반응이나 과소반응 없이 정확하게(accurately) 반영되어야 한다는 것을 의미한다.

여기서 '즉시적'의 의미는 정보가 생성되면서 바로 시장에 전달되어 주가에 반영되는 것을 의미한다. 실제 시장에서 자본시장 효율성을 기대한다는 것은 상당히 비현실적으로 보이지만 시장경쟁이 충분히 이루어지는 자본시장이라면 그 시장은 효율적이라 할 수 있다.

경쟁적 시장에서 정보획득이 양(+)의 NPV(Net Present Value)를 갖는 투자일 경우 투자자들은 정보를 얻으려 할 것이다. 그리고 정보를 이용한 거래가 이루어지면서 시장가격은 정보를 반영할 것이다.

이러한 투자 행위로 인해 정보를 가진 투자자들이 증가할 것이고 정보획득에 따른 NPV가 감소하게 될 것이다. 그리고 정보획득에 따른 NPV가 0이 될 때 정보획득행위는 사라질 것이다.

시장의 균형상태는 Profit(marginally informed) = Profit(marginally

uninformed)가 성립하는 것을 의미한다. 투자자마다 정보획득에 소요되는 비용과 정보의 질 등이 다르므로 우월한 투자자는 보다 높은 이익을 얻어낼 수 있다.

[그림 10-1]은 새로운 정보에 대한 시장의 반응을 나타내고 있다. 직선은 효율적 시장에서 주가반응을 나타내고 주가에 긍정적 사건이 발생했을 때 주가반응이 사건 발생과 동시에 이루어지고 있다. 사건 발생이 주가에 바로 반영됨으로써 어느 누구도 사건에 대한 정보로 인해 초과수익을 얻을 수 없게 된다.

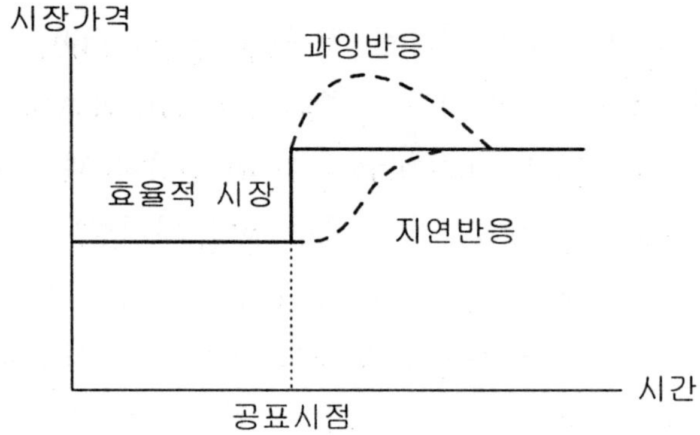

[그림 10-1] 효율적 시장

아래의 점선은 사건에 대한 정보가 주가에 뒤늦게 반영되는 지연반응(delayed reaction)을 나타내고 있다. 사건정보를 먼저 인지한 일부 투자자만이 초과수익을 얻게 되므로 이상적인 시장이라 볼 수 없다.

위의 점선은 주가의 과잉반응(overreaction)을 나타내고 있다. 사건정보가 과다하게 주가에 반영되었다가 시간이 지나면서 제 가격으로 복귀하는 모습을 보여주고 있다. 일부 투자자만이 초과수익을 얻기 때문에 효율적 시장으로 볼 수 없다.

2. 효율적 시장가설

효율적 시장가설(EMH)은 "자본시장의 시장가격은 이용 가능한 모든 정보를 충분히 반영하고 있다"라는 가설로 정의하였다. 효율적 시장가설은 현실적으로 자본시장의 효율성 정도를 검증하기 위한 것으로 주가는 이용 가능한 모든 정보를 즉각 반영하고 있다.

파마(E. Fama)는 주가에 반영되는 정보의 내용에 따라 다음과 같이 세 가지 효율적 시장가설을 구분하였다.

(1) 약형 효율적 시장가설

약형 효율적 시장가설(weak-form of EMH)이란 현재 모든 주식의 가격과 거래량은 과거의 정보를 즉시 그리고 충분히 반영한다는 가설이다. 따라서 가격이나 거래량에 관한 과거의 정보를 이용하더라도 초과수익을 얻을 수 없다.

(2) 준강형 효율적 시장가설

준강형 효율적 시장가설(semistrong-form of EMH)이란 현재 모든 주식의 주가와 거래량은 공식적으로 이용 가능한 정보를 즉시 그리고 충분히 반영한다는 가설이다. 공식적으로 이용 가능한 정보란 과거의 정보를 포함하여 발표된 회계정보, 정부의 경제정책, 재무정책 및 투자자료 등 누구나 이용 가능한 공개된 정보를 말한다. 따라서 공개된 정보를 이용하더라도 초과수익을 얻을 수 없다.

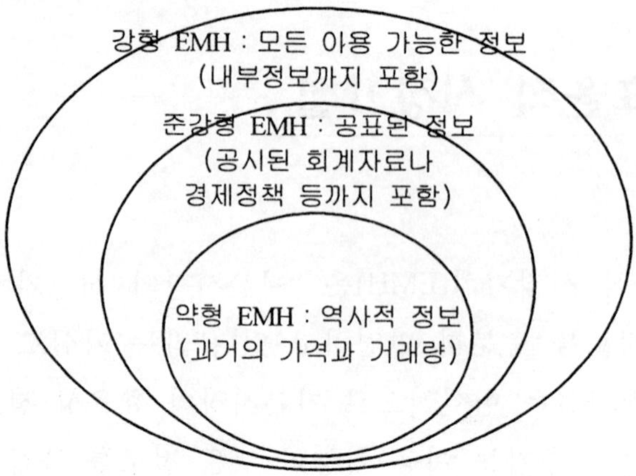

[그림 10-2] 효율적 시장가설

(3) 강형 효율적 시장가설

강형 효율적 시장가설(strong-form of EMH)이란 현재 모든 주식의 가격과 거래량은 이용 가능한 모든 정보를 충분히 반영한다는 가설이다. 이용 가능한 모든 정보란 과거의 정보와 공식적으로 이용 가능한 정보를 포함하고 공식적으로 이용 불가능한 내부정보까지 포함하고 있다. 따라서 모든 정보를 이용하더라도 초과수익을 얻을 수 없다.

3. 효율적 시장가설의 실증분석

효율적 시장가설은 포함하고 있는 정보에 따라 세 가지 유형으로 구분하고 있다. 이제는 효율적 시장가설의 세 가지 유형을 검증하는 방법론과 결과 등을 살펴보고자 한다.

(1) 약형 효율적 시장가설의 검증

현재 주가는 과거의 이용 가능한 정보를 완전히 반영하고 있으므로 과거 주가관련 자료를 분석하여 초과수익률을 얻을 수 없다는 주장이다. 과거와 미래 주가는 서로 독립적으로 움직이며 아무런 관계가 없음을 입증하면 된다. 시계열상관분석과 필터기법, 연의 검증 등이 있다.

1) 시계열상관분석

연속적인 두 기간의 주가변동이 서로 관계가 있는지 없는지 검증해서 주가변동의 무작위성을 입증하고자 하는 방법이다. 연속적인 두 기간 사이에 주가변동의 자기상관계수가 0에 가깝다면 두 기간 사이의 주가변동은 시계열상에서 독립적이라 할 수 있다.

여러 기간에 걸친 자기상관검증에서 대부분 낮은 값을 나타내고 있어 통계적 유의성이 없는 것으로 나타나고 있다. 과거 주가를 분석하여 미래 주가변화를 예측할 수 없다는 증거로 볼 수 있다.

2) 필터 기법

필터 기법은 주가수익률 사이에 양의 상관계수를 가정하며 주가가 저점으로부터 x%만큼 상승하면 매입하고, 고점에서 x%만큼 하락하면 매도하는 투자전략이다. 이때 미리 정해놓은 변동폭 x%를 필터라 부른다.

이는 주가가 당분간 상승 또는 하락추세를 형성한다는 가정하에 무작위로 주식을 선택하여 보유하는 방법보다 우수한 실적을 낼 수 있는가를 검증하는 기법이다. 알렉산더(1964)는 5% 필터에서 비정상성과가 실현되는 것을 발견하였으나 거래비용을 제외하면 초과수익을 얻을 수 없었다.

3) 연의 검증

주가의 상승과 하락에 규칙성이 있는지를 검증하는 방법이다. 이 방법은 가격이 상승하면 '+', 가격이 하락하면 '−', 가격변화가 없으면 0으로 표시되고 동일한 부호의 연속을 연(run)이라 부른다.

만일 주가변동 사이에 상관관계가 있다면, 일정 기간 우연한 가격변동에 비해 긴 동일 부호의 연속과 적은 수의 연이 나타날 것이다. 과거 주가변동과 미래 주가변동이 서로 시계열 독립적임을 관찰하고 분석하여 초과수익을 얻을 수 없음을 검증하였다.

(2) 준강형 효율적 시장가설의 실증분석

주가에 영향을 주는 정보가 발표되었을 때 주가에 반영되는 시간을 관찰하여 시장의 효율성여부를 검증하는 방법이다. 정보가 포함되지 않은 수익률과 정보가 포함된 수익률 차이를 계산하고, 그 변화를 시간에 따라 누적하여 사건발생 전후 어떤 움직임이 나타나는지 관찰하는 기법이다.

준강형 EMH가 성립하면 공표된 정보에 의해 미래주가 예측이 불가능하므로 초과수익률 획득이 불가능하다. 이 검증에는 사건연구의 방법을 흔히 사용하는데 어떤 사건의 공표시점을 중심으로 주가가 어떻게 반응하는지 관찰하는 방법이다.

준강형 EMH하에서는 가격반응이 즉시적이어야 하며 지연되거나 과잉반응하지 않아야 한다. 사건연구를 하려면 어떤 사건의 발생으로 어느 정도의 비정상수익이 발생하였는지 측정해야 하는데 이때 다른 주식의 주가변동을 통제해 주어야 한다. 즉 시장 전체의 변동을 고려한 후 가격반응을 확인하여야 한다.

사건연구는 주식분할 및 무상증자, 배당, 이익발표, 합병, 재고자산 평가방법 변경, 회계변경 등에 대한 시장의 반응 등 매우 다양한 형태로 이루어져 있다.

(3) 강형 효율적 시장가설의 실증분석

기업의 내부정보에 쉽게 접근할 수 있을 것으로 판단되는 전문투자기관의 투자성과와 일반투자가의 투자성과를 관찰하여 판단하는 방법이 있다. 많은 실증연구에서 이 가설을 지지하는 연구와 기각하는 연구가 나타나 현 상황에서 강형 EMH에 대해 명확한 결론을 내릴 수는 없다.

강형 EMH는 비밀정보 또는 사적 정보를 이용하여 비정상 성과를 얻을 수 있는가를 검증함으로써 강형 EMH의 성립여부를 확인할 수 있다.

내부자거래의 투자성과와 투자신탁의 성과 등이 있다.

4. 시장의 이상현상

일부 주식들이 시장수익률보다 더 높은 수익률을 계속 유지함으로써 자본시장의 효율성에 맞지 않은 결과를 보이는데 이를 이상현상(anomalies)이라 부른다.

(1) PER 효과

PER은 기업 실적이 주가에 반영된 정도를 나타내는 지표로 국제 간 증권시장의 상황을 비교하는 데 유용한 지표이다. 저PER로 구성된 포트폴리오가 고PER로 구성된 포트폴리오보다 더 높은 수익률을 산출하는 것으로 조사되는데 이를 PER 효과라 한다. 이러한 현상은 자본시장의 효율성을 부인하는 것으로 볼 수 있다.

(2) 소규모 기업효과

반즈(1981)는 처음으로 소형주 효과를 발견하였다. 자본금이 작은 소형주에 투자할수록 대형주에 투자하는 것보다 더 높은 초과수익률을 얻는 것으로 나타났다. 소형주의 초과수익 효과는 자본시장에 비효율성이 존재하고 있다는 것을 나타내고 있다.

(3) 주말효과와 1월효과

주초에는 낮은 수익률이 주말에는 높은 수익률이 지속적으로 산출되는 것으로 발견되는데 이를 주말효과(weekend effect)라 한다.

월별분석에서 1월이 다른 달에 비해 가장 높은 수익률을 산출하는 것으로 나타났는데 이를 1월효과(January effect)라 부른다.

(4) 유동성효과 등

기업정보가 부족하고 전문투자가들의 관심이 부족한 소외기업들의 투자수익률이 정보가 풍부한 기업들보다 더 높게 나타난다는 소외기업효과(neglected firm effect)가 있다.

또한 유동성이 낮은 기업의 주식들이 유동성이 높은 기업들 보다 지속적으로 더 높은 투자수익률을 보인다는 유동성효과(liquidity effect) 등이 있다. 이러한 현상은 비효율성의 가능성을 보여주는 연구이다.

자본시장의 효율성은 자본시장이 제 기능을 발휘하기 위해 갖추어야 할 필요조건이지만 그 효율성 정도는 시간과 장소에 따라 다르게 나타날 수 있다.

제11장

파생금융상품

1. 옵 션
2. 옵션가격 결정모형
3. 선 물

옵션거래가 조직적 시장의 형태를 갖추며 활발한 거래를 보인 것은 1973년 미국의 시카고 옵션거래소에서 주식옵션이 거래되면서 시작되었다. 옵션가격의 구성과 결정요인, 가격범위, 결정모형 등에 대해 또한 선물거래로 인한 손익과 가격결정모형에 대해 살펴보고자 한다.

1. 옵 션

금융거래 사상 가장 빠른 성장을 거듭해 오던 옵션거래는 1982년 현물상품에 대한 옵션과 미국 장기국채에 대한 옵션이 도입되면서 성장이 가속화되었으며, 금융상품과 선물에 대한 옵션이 개발되면서 거대한 규모로 성장하고 있다.

(1) 옵션거래의 이해

옵션의 의미와 경제적 기능에 대해 살펴보고 콜옵션과 풋옵션 그리고 옵션거래의 종류에 대해 살펴보고자 한다.

1) 옵션거래의 의미

옵션계약(option contract)은 정해진 시점에 미리 약정된 가격으로 특정자산을 사거나 팔 수 있는 권리가 부여된 거래이다. 또한 옵션거래의 기초자산과 행사가격, 행사기간 또는 만기일과 옵션가격 등으로 이루어져 있다.

옵션은 일종의 조건부 청구권이다. 특정자산을 약정한 가격으로 일정 수량만큼 매입할 수 있는 권리를 콜옵션(call option)이라 하고, 매도할 수 있는 권리를 풋옵션(put option)이라 한다. 옵션 보유자가 권리를 행사할 수 있는 자산을 기초자산 또는 옵션의 기준물이라 부른다.

옵션거래는 기초자산을 특정가격에 사거나 팔 수 있는 권리를 부여하고 있는데 특정가격을 옵션행사가격(excise price)이라 하며 권리를 행사할 수 있는 시점을 옵션만기일이라 한다.

중요한 특징은 거래 성립으로 옵션 매도자는 계약의 의무를 부담하고 옵션 매입자는 권리만을 가진다는 것이다. 따라서 옵션 매입자는 거래의 이행 책임을 지는 매도자에게 일정한 대가를 지불하게 되는데 이를 옵션프리미엄(option premium) 또는 옵션가격이라 한다.

2) 옵션거래의 종류

옵션거래는 권리의 종류와 행사시기, 기초자산에 따라 구분하고 있다.

① 권리의 종류에 따라

정해진 조건으로 기초자산을 살 수 있는 권리가 부여된 콜옵션과 기초자산을 팔 수 있는 권리가 부여된 풋옵션이 있다.

옵션프리미엄을 지불하고 옵션을 매입하는 사람을 매입자 또는 보유자라 하고, 옵션프리미엄을 받고 옵션을 매도하는 사람을 발행자 또는 매도자라 부른다.

콜옵션의 경우 매입자가 콜옵션을 행사하면 매도자로부터 기초자산을 매입하는 효과를 가지게 되고, 매도자는 기초자산을 매입자에게 매도하는 효과를 가지게 된다.

풋옵션의 경우 매입자가 옵션을 행사하게 되면 매도자에게 기초자산을 매도하는 효과를 가지고, 매도자는 기초자산을 매입자로부터 매입하는 효과를 가지게 된다.

② 권리의 행사시기에 따라

미국형 옵션과 유럽형 옵션으로 구분하고 있다. 미국형 옵션은 만기일 이전에 언제든지 권리를 행사할 수 있으나 유럽형 옵션은 만기일이나 만기일 직전에만 권리를 행사할 수 있다.

미국식 옵션은 권리를 행사할 수 있는 기회가 유럽식 옵션보다 많기 때문에 가격이 유럽식 옵션보다 비싸게 거래된다.

③ 기초자산에 따라

기초자산이 현물인 현물옵션과 선물인 선물옵션이 있는데 구분하는 이유는 옵션가격의 산정방법이 다르기 때문이다.

또한 기초자산의 종류에 따라 상품옵션과 금융옵션으로 구분하고 있다. 금융옵션은 주식옵션과 비주식옵션으로 구분하며, 비주식옵션은 지수옵션, 통화옵션, 금리옵션, 선물옵션 등으로 구분하고 있다.

3) 옵션거래의 기능

옵션의 경제적 기능은 위험헤지, 투자의 레버리지, 새로운 금융상품의 창조, 위험한정 등 네 가지로 정리할 수 있다.

옵션거래로 기초자산의 매입이나 공매로 인해 발생하는 가격변동위험을 없애거나 줄일 수 있다. 기초자산을 매입하거나 보유하는 경우 콜옵션 매도나 풋옵션 매입으로 기초자산의 가격변동위험을 없애거나 줄일 수 있다. 이것을 옵션의 위험헤지기능이라 한다.

옵션은 기초자산에 비해 가격이 훨씬 저렴하고 기초자산을 거래하는 것과 비슷한 손익을 주기 때문에 수익률을 확대시키는 레버리지 효과가 있다.

옵션을 다른 옵션이나 기초자산과 결합하면 새로운 형태로 이익을 실현할 수 있는 금융상품을 만들 수 있다. 옵션보유자는 기초자산의 가격이 불리하게 변동할 경우 권리행사를 포기할 수 있어 손실액을 옵션가격으로 한정시킬 수 있다.

(2) 만기일의 옵션가치

기초자산이 주식이고 만기일에만 권리행사가 가능한 유럽형 옵션을 가정하여 만기일 콜옵션과 풋옵션의 가치를 살펴보자.

1) 콜옵션의 가치

콜옵션 보유자는 행사가격으로 주식을 매입할 수 있는 권리를 가지기 때문에 만기일의 시장가격(S_T)이 행사가격(X)보다 높으면 시장가격과 행사가격의 차이만큼 이익을 얻을 수 있다.

주식의 시장가격이 상승할수록 콜옵션 매입의 가치는 증가하게 된다. 반면 시장가격이 행사가격보다 낮은 경우에는 매입자가 권리를 행사하면 손실이 발생하므로 권리를 포기하게 되어 옵션의 가치는 0이 된다.

콜옵션 매입의 가치 : $S_T - X > 0$ 이면 $S_T - X$

$S_T - X \leq 0$ 이면 0

콜 매입자가 권리를 행사하기 위해서는 콜옵션 매입에 필요한 프리미엄(C)을 지급해야 하므로 콜 매입자의 순이득은 옵션매입에 사용된 프리미엄만큼 차감해야 한다.

콜옵션 매입의 순이득 : $S_T - X > 0$ 이면 $S_T - X - C$

$S_T - X \leq 0$ 이면 $-C$

콜 매도자는 콜 매입자의 입장과 정반대이다. 시장가격이 행사가격보다 낮으면 콜 매입자의 권리행사가 없으므로 0의 가치를 가진다. 그러나 시장가격이 행사가격보다 상승하게 되면 콜 매입자는 매도를 요구하게 되므로 매도자는 시장가격이 상승하면 할수록 행사가격의 차이만큼 손실을 보게 된다.

콜옵션 매도의 가치 : $S_T - X > 0$ 이면 $-(S_T - X)$

$S_T - X \leq 0$ 이면 0

콜 매도자는 콜옵션을 매도하면서 프리미엄(C)만큼 수입을 얻게 되므로 이 수입을 차감한 순이득은 프리미엄을 감안해야 한다.

콜옵션 매도의 순이득 : $S_T - X > 0$ 이면 $-(S_T - X) + C$

$S_T - X \leq 0$ 이면 C

〈표 11-1〉 콜옵션 거래의 손익

	콜옵션 매입		콜옵션 매도	
	$S_T < X$	$S_T \geq X$	$S_T < X$	$S_T \geq X$
만기일의 가치 +콜옵션 가격	0 $-C$	$S_T - X$ $-C$	0 C	$-(S_T - X)$ C
콜옵션의 순익	$-C$	$S_T - X - C$	C	$-(S_T - X) + C$

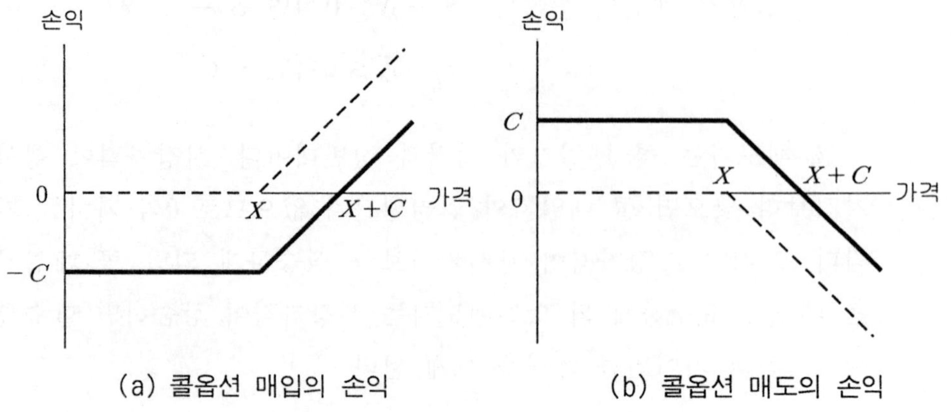

[그림 11-1] 콜옵션 매입 · 매도의 손익

2) 풋옵션의 가치

풋 매입자는 만기일에 약정된 가격으로 매도할 수 있는 권리를 가진다. 만기일 시장가격이 행사가격보다 낮을 경우 옵션을 행사하여 시장가격보다 높은 가격으로 매도할 수 있기 때문에 이득을 얻을 수 있다. 반면 시장가격이 행사가격보다 높은 경우에는 옵션을 행사하지 못하므로 풋옵션 가치는 0이 된다.

$$\text{풋옵션 매입의 가치 : } S_T - X > 0\text{이면 } 0$$
$$S_T - X \leq 0\text{이면 } X - S_T$$

풋 매입자가 권리를 행사하기 위해서는 풋옵션 매입에 필요한 프리미엄(P)을 지불해야 한다.

$$\text{풋옵션 매입의 순이득 : } S_T - X > 0\text{이면 } -P$$
$$S_T - X \leq 0\text{이면 } X - S_T - P$$

풋 매도자는 매입자와 정반대이다. 시장가격이 행사가격보다 높으면 풋 매입자가 권리행사를 못하므로 가치가 0이 되고, 행사가격이 시장가격보다 높으면 매입자의 권리행사로 인해 손실을 보게 된다. 주가하락이 클수록 손실이 커진다.

$$\text{풋옵션 매도의 가치} : S_T - X > 0\text{이면 } 0$$
$$S_T - X \leq 0\text{이면 } -(X - S_T)$$

풋 매도자는 손실에 대한 대가로 풋옵션프리미엄(P)을 받게 되므로 이득에 포함시켜야 한다.

$$\text{풋옵션 매도의 순이득} : S_T - X > 0\text{이면 } P$$
$$S_T - X \leq 0\text{이면 } -(X - S_T) + P$$

〈표 11-2〉 풋옵션 거래의 손익

	풋옵션 매입		풋옵션 매도	
	$S_T < X$	$S_T \geq X$	$S_T < X$	$S_T \geq X$
만기일의 가치 +풋옵션 가격	$X - S_T$ $-P$	0 $-P$	$-(X - S_T)$ P	0 P
풋옵션의 순익	$X - S_T - P$	$-P$	$-(X - S_T) + P$	P

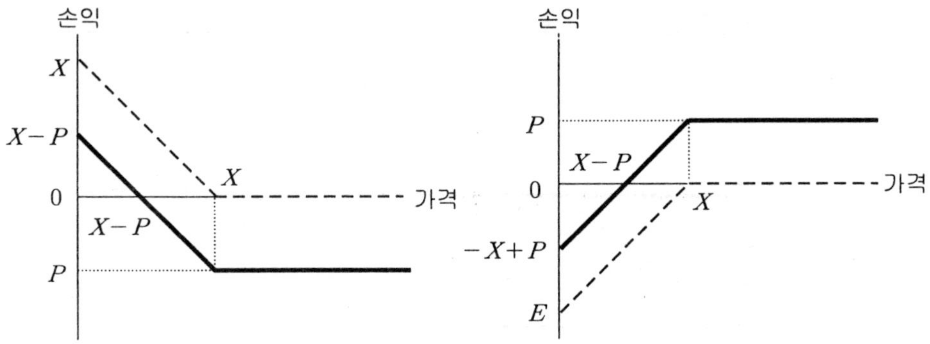

(a) 풋옵션 매입의 손익　　(b) 풋옵션 매도의 손익

[그림 11-2] 풋옵션의 매입 · 매도 손익

(3) 풋-콜 패리티

기초자산과 만기, 행사가격이 모두 동일한 콜옵션과 풋옵션의 가격은 균형시장에서 일정한 관계를 갖는다. 이를 풋-콜 패리티라 부른다.

1) 풋-콜 패리티의 도출

풋-콜 패리티(put-call parity)는 주식과 콜옵션 및 풋옵션을 적절히 결합하면 무위험헤지포트폴리오를 구성할 수 있는데, 균형시장에서 포트폴리오의 수익률이 무위험이자율과 동일해야 한다.

풋-콜 패리티의 구성은 주식 1주와 만기와 행사가격이 같은 풋옵션을 1개 매입하고 콜옵션을 1개 매도하여 얻을 수 있다.

〈표 11-3〉 풋-콜 패리티의 수익

포트폴리오의 구성	만기 시의 수익	
	$S<X$일 경우	$S>X$일 경우
주식매입(S)	S	S
콜옵션 발행($-C$)	0	$-(S-X)$
풋옵션 매입(P)	$X-S$	0
$S+P-C$	X	X

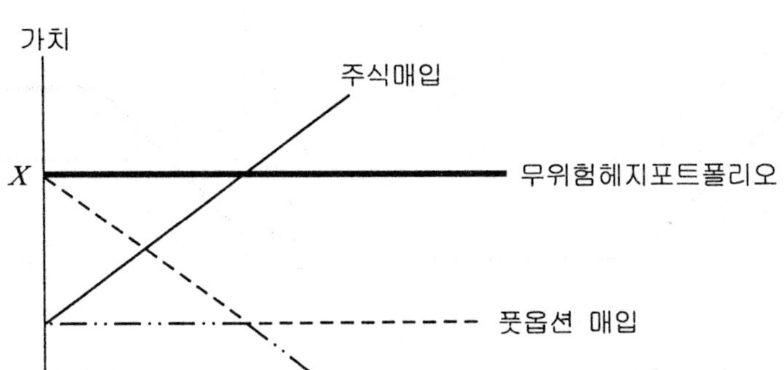

[그림 11-3] 풋-콜 패리티

이 포트폴리오는 만기일 주가와 관계없이 항상 X의 가치를 가지므로 무위험헤지포트폴리오라 부른다. 균형시장에서는 이 포트폴리오의 수익률이 무위험이자율과 동일해야 한다.

균형시장에서 이 포트폴리오의 현재가치 $S+P-C$가 만기일가치 X를 무위험이자율로 할인한 현재가치와 동일해야 한다. 다음 관계가 성립한다.

$$S+P-C=\frac{X}{(1+R_f)^T} \quad \text{또는} \quad \frac{X}{e^{R_f \cdot T}} \qquad (11\text{-}1)$$

식 (11-1)은 균형시장에서 차익거래가 발생하지 않도록 콜옵션과 풋옵션 가격 사이에 균형관계를 의미한다. 균형관계가 성립하지 않으면 차익거래가 발생하고 이 과정을 거쳐 시장은 다시 균형상태로 회귀한다.

2) 풋-콜 패리티의 의미

기초자산과 행사가격, 만기일이 동일하므로 콜옵션이나 풋옵션의 가격 중에서 하나만 알면 다른 옵션의 가격은 풋-콜 패리티를 이용해 구할 수 있다. 콜옵션 가격을 알면 풋옵션 가격은 식 (11-1)을 이용하여 구할 수 있다.

$$P=C-S+\frac{X}{(1+R_f)^T} \quad \text{또는} \quad \frac{X}{e^{R_f \cdot T}} \qquad (11\text{-}2)$$

$$C-P=S-\frac{X}{(1+R_f)^T} \quad \text{또는} \quad \frac{X}{e^{R_f \cdot T}} \qquad (11\text{-}3)$$

행사가격이 현재주가와 동일하다면 콜옵션 가격이 풋옵션보다 행사가격에 대한 화폐의 시간가치만큼 더 크다. 주식과 이를 기초자산으로 발행된 콜옵션과 풋옵션 그리고 옵션의 행사가격과 동일한 액면가를 갖는 무위험할인채를 결합하면 다양한 합성포지션을 만들 수 있다.

식 (11-2)의 우변은 주식을 1주 공매하고 이를 기초자산으로 하는 콜옵션과 무위험할일채를 매입하여 구성한 포트폴리오이다. 이 포트폴리오는 풋옵션은 아니지만 풋옵션을 매입할 때와 동일한 투자성과가 나타나므로 합성풋(synthetic put)이 된다. 풋-콜 패리티를 이용하면 이러한 방법으로 다양한 합성포지션을 만들 수 있다.

〈표 11-4〉 풋-콜 패리티를 이용한 합성포지션

합성포지션	풋-콜 패리티	구 성 방 법
합 성 주 식	$S = C - P + PV(X)$	콜옵션매입, 풋옵션매도, 무위험할인채 매입
합 성 콜	$C = S + P - PV(X)$	주식매입, 풋옵션매입, 무위험할인채 공매
합 성 풋	$P = C - S + PV(X)$	콜옵션매입, 주식공매, 무위험할인채 매입
합성무위험 할인채	$X \cdot B(T) = S + P - C$	주식매입, 풋옵션매입, 콜옵션매도
합 성 방 비 콜	$S - C = PV(X) - P$	무위험할인채매입, 풋옵션매도
합 성 보 호 적 풋	$S + P = PV(X) + C$	무위험할인채매입, 콜옵션매입

2. 옵션가격 결정모형

옵션가격은 내재가치와 시간가치로 구성되어 있으며 옵션가격은 현재주가와 행사가격, 가격변동성, 잔존기간, 무위험이자율 등에 의해 결정된다. 또한 옵션의 가격범위를 콜옵션과 풋옵션으로 구분하여 살펴보자.

(1) 옵션가격의 구성

옵션가격의 내재가치와 시간가치 그리고 콜옵션가격 및 풋옵션 가격의 구성에 대해 살펴보고자 한다.

1) 내재가치와 시간가치

옵션가격은 내재가치(intrinsic value)와 시간가치(time value)로 구성된다. 옵션의 내재가치는 옵션행사로 얻게 되는 가치로서 본질적 가치 또는 행사가치라 부르며 기준물의 가격과 행사가격에 의해 결정된다.

옵션을 행사하여 이익을 얻을 수 있는 내재가치를 얼마나 가지고 있는가에 따라 옵션은 내가격상태(In-The-Money : ITM), 등가격상태(At-The-Money : ATM), 외가격상태(Out-of-The-Money : OTM)로 구분한다.

내가격상태는 옵션을 행사하여 이익을 얻을 수 있는 상태로 콜옵션은 기준물의 현재가격이 행사가격보다 클 때, 풋옵션은 행사가격보다 작을 때 내가격상태에 있게 된다.

등가격상태는 당장 옵션을 행사하면 손익이 발생하지 않는 상태로 콜옵션과 풋옵션 모두 현재가격이 행사가격과 같을 경우 등가격상태에 있게 된다.

외가격상태는 옵션을 행사하면 손실을 보는 상태로 콜옵션은 현재가격이 행사가격보다 작을 때, 풋옵션은 행사가격보다 클 때 외가격상태에 있게 된다.

〈표 11-5〉 옵션의 상태

옵션의 상태	콜옵션	풋옵션
내 가 격 상 태	$S > X$	$S < X$
등 가 격 상 태	$S = X$	$S = X$
외 가 격 상 태	$S < X$	$S > X$

옵션의 시간가치는 만기일까지 옵션으로 얻을 수 있는 이익과 회피할 수 있는 위험에 대한 가치를 의미하며 외재가치라 한다. 옵션가격은 내재가치와 시간가치의 합으로 구성되므로 시간가치는 옵션가격과 내재가치의 차이를 말한다.

시간가치 = 옵션가격 − 내재가치

옵션이 시간가치를 가지는 이유는 기준물 가격이 향후 더욱 유리하게 변하게 될 가능성이 있기 때문이다. 시간가치는 현재 내재가치가 없는 등가격상태나 외가격상태의 경우 향후 기준물 가격이 변화하여 내재가치를 가지게 될 가능성에 대한 가치이다. 현재 내재가치가 있는 내가격상태의 경우에는 내재가치가 증대될 가능성에 대한 가치를 말한다.

2) 콜옵션가격의 구성

콜옵션이 내가격상태에 있을 때에는 옵션을 당장 행사하여 시장가격(S)에서 행사가격(X)을 차감한 만큼 이익을 얻을 수 있으므로 내재가치는 시장가격에서 행사가격을 뺀 부분이며 이는 주가의 상승에 비례하여 증가한다. 그러나 등가격 또는 외가격상태에 있을 때에는 옵션을 행사해도 이익을 얻을 수 없으므로 내재가치는 0이다.

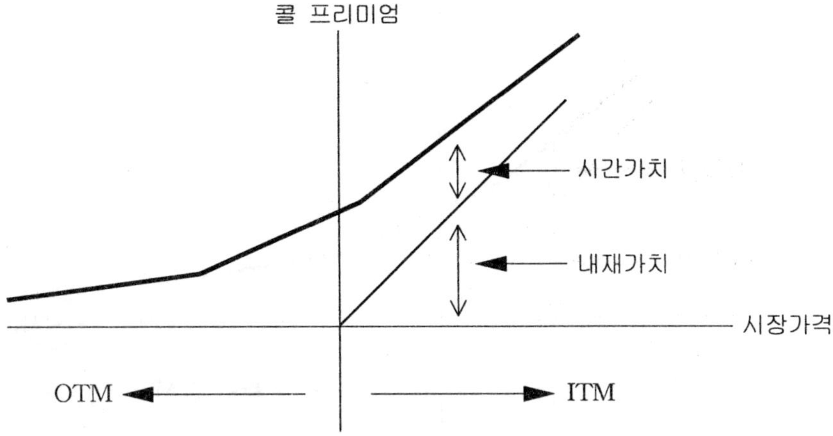

[그림 11-4] 시장가격에 따른 콜옵션 내재가치와 시간가치의 변화

콜옵션의 시간가치는 콜옵션의 가격에서 콜옵션의 내재가치를 뺀 값이다. 따라서 등가격상태나 외가격상태에서 콜옵션의 가격은 모두 시간가치로 이루어져 있다. 콜옵션은 시장가격이 변화할 때 시장가격의 상승에 따라 프리미엄이 증가하게 되는데 이는 내재가치의 상승에서 비롯된 것이며 시간가치는 오히려 감소하게 된다.

3) 풋옵션가격의 구성

풋옵션이 내가격상태에 있을 때는 옵션행사로 행사가격과 시장가격의 차이만큼 이익이 발생하므로 내재가치는 주가하락에 비례하여 증가하게 된다. 그러나 등가격이나 외가격상태에 있을 때는 옵션을 행사해도 이익을 얻을 수 없으므로 내재가치는 0이다.

풋옵션의 시간가치는 풋옵션 가격에서 내재가치를 뺀 값이다. 풋옵션 프리미엄은 가격상승에 따라 하락하고 가격하락에 따라 높아진다. 내재가치의 상승에 따라 프리미엄은 증가하지만 시간가치는 감소한다.

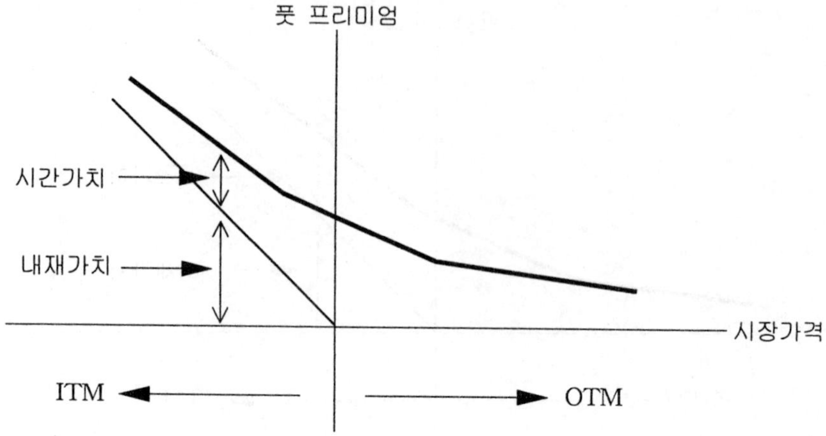

[그림 11-5] 시장가격에 따른 풋옵션의 내재가치와 시간가치의 변화

(2) 옵션가격의 결정요인

옵션가격은 기준물의 시장가격과 변동성, 주식인 경우 배당금, 통화옵션의 경우 통화에 대한 이자율 등과 같은 기준물의 특성과 행사가격, 만기일 등 옵션 자체의 조건에 따라 달라진다. 무위험수익률에도 영향을 받으나 투자자들의 위험에 대한 태도나 기준물의 기대수익률 등과는 무관하다.

1) 시장가격

콜옵션은 주식의 시장가격이 행사가격보다 높아야 초과하는 부분이 증가만큼 이익을 얻을 수 있다. 풋옵션은 시장가격이 행사가격보다 낮을수록 이익을 얻을 수 있다.

2) 행사가격

모든 조건이 동일하다면 행사가격이 높을수록 콜옵션 가격은 낮아지고 풋옵션 가격은 높아진다. 행사가격이 높을수록 만기일 시장가격이 행사가격보다 높아질 가능성이 감소하기 때문이고 시장가격이 행사가격보다 낮아질 가능성이 증가하기 때문이다.

3) 가격변동성

가격변동성이 커진다는 것은 주가의 상승폭과 하락폭이 커진다는 것을 의미한다. 옵션은 변동성이 불리하게 움직이면 손실위험을 한정시키지만 유리한 방향으로 움직이면 이익을 증가시킬 수 있다. 따라서 가격의 변동성이 크다는 것은 이익을 확대시킬 수 있음을 뜻한다.

4) 잔존기간

잔존기간은 행사가격의 현재가치와 가격변동성에 영향을 미치고 콜옵션 가격에 영향을 미치게 된다. 잔존기간이 길수록 만기일 행사가격의 현재가치가 작아지므로 콜옵션 가격이 높아지고, 가격변동성이 커지므로 콜옵션 가격이 높아진다.

풋옵션의 경우는 반대로 잔존기간이 길수록 행사가격의 현재가치가 작아지므로 풋옵션 가격이 낮아지게 되고, 가격의 변동성이 커지므로 풋옵션 가격이 높아진다.

잔존기간이 풋옵션 가격에 두 가지 영향을 미친다. 일반적으로 변동성 증가로 인한 가격상승효과가 행사가격의 현재가치 감소로 인한 가격하락효과보다 크기 때문에 잔존기간이 길수록 풋옵션 가격은 높아진다.

5) 무위험이자율

이자율이 높을수록 주가의 기대수익률이 상승하지만 옵션보유자가 받게 될 미래의 현재가치는 하락하게 된다. 따라서 무위험이자율이 옵션가격에 미치는 영향은 명확하지 않다.

콜옵션의 경우 이자율이 높을수록 기대수익률을 상승시켜 주가가 상승하므로 옵션가격이 상승하지만, 미래의 현재가치가 하락하는 경향이 있다. 단지 미래 현재가치 하락이 크지 않기 때문에 콜옵션 가격은 이자율 증가에 따라 증가한다고 볼 수 있다.

풋옵션의 경우 이자율 증가에 따라 기대수익률이 상승하더라도 옵션가격이 상승하지 않는다. 또한 보유자의 미래 현재가치도 하락하기 때문에 이자율과 반대방향으로 움직인다고 볼 수 있다.

6) 기준물에 대한 배당

배당이 클수록 주가가 하락하여 행사가격보다 높아질 가능성이 감소하기 때문에 콜옵션 가격은 하락한다. 풋옵션의 경우 배당이 클수록 주가하락의 가능성이 커지므로 풋옵션 가격은 상승한다.

〈표 11-6〉 옵션가격 결정요인과 옵션가격 사이의 관계

가격결정요인	콜옵션가격(C)	풋옵션가격(P)
기초자산의 시장가격(S)	(+)	(−)
행사가격(X)	(−)	(+)
가격변동성(σ^2)	(+)	(+)
잔존기간(T)	(+)	(+)
무위험이자율(R_f)	(+)	(−)
주식의 배당(D)	(−)	(+)

(3) 옵션의 가격범위

현물가격과 비교하여 콜옵션과 풋옵션의 가격범위에 대해 살펴보고자 한다.

1) 콜옵션의 가격범위

옵션은 의무는 없고 유리할 경우에만 행사할 수 있기 때문에 만기일에 반드시 0 이상의 가치를 갖는다. 옵션가격은 0보다 크거나 같아야 하므로 콜옵션가격도 0보다 크거나 같다($C \geq 0$).

콜옵션가격(C)은 현물가격(S)보다 클 수 없다($C \leq S$). 만일 콜옵션가격이 현물가격보다 크다면 투자자는 콜옵션을 매도하고 상대적으로 저렴한 주식을 매입함으로써 옵션가격과 현물가격의 차이($C-S$)만큼 초과수익을 얻을 수 있다.

콜옵션가격은 현물가격에서 행사가격을 무위험이자율로 할인한 현재가치를 뺀 값보다 크거나 같다.

$$C \geq S - \frac{X}{(1+R_f)^T}$$

이 관계가 성립하지 않으면 콜옵션가격이 저평가되어 있으므로 현물을 공매하고 콜옵션을 매입하는 차익거래를 통해 이익을 얻을 수 있다.

일반적으로 미국식 옵션이 유럽식 옵션보다 가격이 높게 형성된다. 배당이 있는 미국식 콜옵션은 만기 이전에 행사할 요인이 존재한다. 배당이 실시될 경우 주가가 하락하게 되므로 옵션의 내재가치 또는 이에 상응하는 만큼 하락하게 된다.

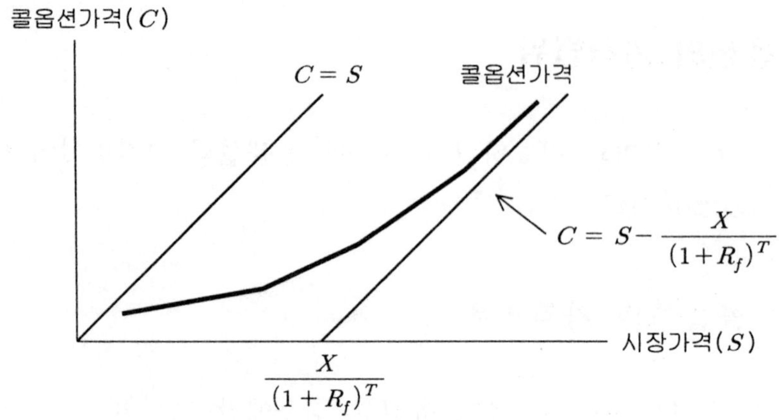

[그림 11-6] 콜옵션가격의 범위

옵션보유자는 배당일 이전에 권리를 행사함으로써 내재가치의 하락을 막을 수 있지만 옵션이 지니고 있는 시간가치를 포기해야 한다. 따라서 만기일 이전의 권리행사는 배당금의 크기와 시간가치의 크기에 의해 결정해야 한다.

2) 풋옵션의 가격범위

풋옵션가격(P)도 유리한 경우에만 권리를 행사하기 때문에 0보다 크지만 행사가격(X)보다 클 수는 없다. 만일 행사가격보다 크다면 풋옵션을 매도하고 현물을 매입하여 최소한 ($P-X$) 이상 차익거래가 발생한다.

풋옵션은 주가가 0일 때 최대 행사가격만큼 이익을 얻게 되므로 행사가격보다 클 수는 없다.

$$P \leq X$$

유럽형 풋옵션은 만기에만 행사가격을 받고 주식을 팔 수 있으므로 현재의 풋옵션가격은 행사가격을 무위험이자율로 할인한 현재가치보다 클 수 없다.

$$P \leq \frac{X}{(1+R_f)^T}$$

만일 이 관계가 성립하지 못하면 풋옵션을 매도하고 무위험할인채를 매입함으로써 차익거래가 발생한다. 풋옵션가격은 행사가격을 무위험이자율로 할인한 현재가치에서 현물가격을 차감한 값보다 크다.

$$P \geq \frac{X}{(1+R_f)^T} - S$$

만일 이 관계가 성립하지 않으면 풋옵션가격이 저평가되어 있다는 것을 의미한다. 무위험할인채를 공매하고 풋옵션을 매입하는 차익거래를 통해 이익을 얻을 수 있다.

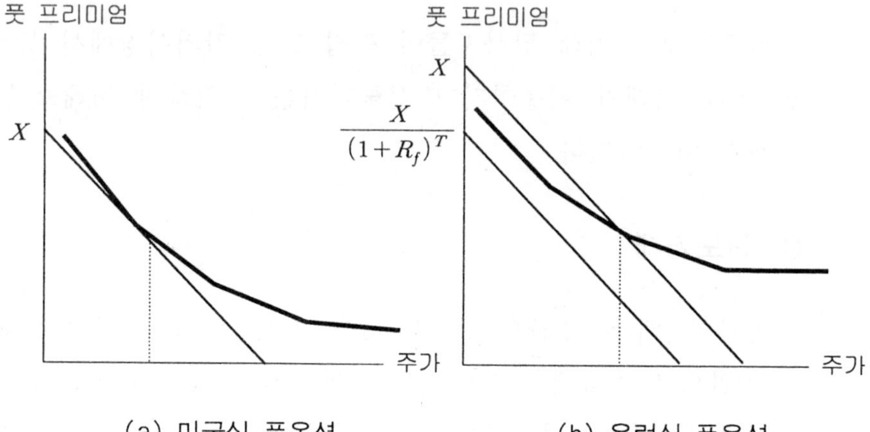

(a) 미국식 풋옵션　　(b) 유럽식 풋옵션

[그림 11-7] 풋옵션 프리미엄

3. 선 물

선물거래의 종류와 선물시장의 경제적 기능 그리고 선물시장의 구성과 거래제도에 대해 살펴보고자 한다. 또한 우리나라의 선물거래와 선물거래의 손익과 선물가격결정에 대해 살펴보고자 한다.

(1) 선물거래의 이해

선도거래와 선물거래를 비교해 보고 선물거래를 거래대상 자산에 따라 상품선물거래와 금융선물거래로 구분하여 살펴보고자 한다.

1) 선도거래와 선물거래

선도거래는 거래 당사자들이 직접 또는 장외시장에서 중개기관을 통해 거래가 이루어지고 선물거래는 조직화된 거래소를 통해 거래가 이루어진다.

① 선도거래

농부와 배추 중간도매상이 30만 평의 밭에서 생산될 배추를 1,000원으로 가을에 인도하기로 계약을 했을 때 이 계약을 선도계약이라 하고 이 계약에 따라 결제가 이루어지는 것을 선도거래(forward transaction)라 한다.

선도거래는 거래쌍방이 미래의 특정시기에 특정상품을 일정한 가격조건으로 거래하기로 약속하는 것이다. 거래대상의 품질, 수량, 가격, 인도시기 등 거래조건에 대하여 합의할 수 있다면 어떠한 형태의 거래도 성립될 수 있다.

그러나 선도거래는 서로의 요구조건을 충족시키는 거래상대방을 찾는 것이 어려우며 또한 거래당사자 간의 신용에 의존하기 때문에 미래가격이 일방에게 불리하게 변할 경우 계약이 이행되지 않을 가능성이 커진다. 이러한 문제점을 해결하기 위해 선물거래가 시작되었다.

② 선물거래

선물계약은 선물거래소를 통해 표준화된 거래조건에 따라 미래 특정시점에 정해진 가격으로 특정자산을 사고팔기로 현재시점에서 약속하는 계약이다.

〈표 11-7〉 선물거래와 선도거래의 비교

	선물거래	선도거래
거래조건	계약단위, 인도일(만기일) 등 모든 거래조건들이 표준화되어 있음.	당사자 간 합의에 의해 거래조건이 조정됨.
거래방식	조직화된 거래소를 통해 거래	당사자 간 직접 내지 장외시장에서 중개기관(브로커)을 통해 거래
가격 정산	계약이행보장을 위해 매일 가격변동에 따른 손익금액을 결제기관을 통해 정산함.	자금결제일 또는 만기일에만 정산
결제이행여부	거래참가기관이 부도가 나면 거래소가 이행보증	채무불이행에 대한 책임을 당사자가 부담

선물거래(futures transaction)는 거래형식을 정형화하고 거래조건을 표준화하여 시장성을 부여한 선도거래라 할 수 있다. 거래대상이 되는 특정자산을 기초자산으로 하고 정해진 특정시점을 만기일 또는 인도일이라 하며 정해진 가격을 선물가격이라 한다. 선물가격은 만기일에 기초자산을 사고 팔 때의 거래가격을 의미하는 것이지 선물계약의 가치를 의미하는 것이 아니다.

2) 선물거래의 종류

선물거래는 거래대상자산에 따라 상품선물(commodity futures)거래와 금융선물(financial futures)거래로 구분하고 있다.

상품선물거래는 농축산물, 금속, 에너지 등과 같은 상품에 적용되는 거래를 말한다. 농축산물선물거래에는 옥수수, 콩, 귀리, 소맥, 대두, 커피, 코코아, 오렌지주스, 설탕, 쌀, 목재, 소, 돼지 등이 있다.

금속선물거래에는 알루미늄, 금, 은, 동, 플라티늄 등이 있다. 에너지선물거래에는 원유, 벙커시유, 천연가스, 가솔린, CRB지수(농축산물, 금속, 에너지 종합지수) 등이 있다. 우리나라에는 금선물이 선물거래소를 통해 거래되고 있다.

금융선물거래는 1970년대 들어 환율변동이 심해지고 오일쇼크 이후 금리급변을 경험하면서 빠른 성장을 기록하고 있다. 채권, 외국통화, 주가지수 등을 기초자산으로 금리선물거래, 통화선물거래, 주가지수선물거래가 있다.

금리선물거래는 채권을 대상으로 T-Bond, T-Note, T-Bill, CD, LIBOR가 있으며 국내에서는 국채선물, CD선물, 통안증권금리선물이 거래되고 있다.

통화선물은 각국 통화를 대상으로 미국 달러, 영국 파운드, 독일 마르크, 스위스 프랑, 일본 엔, 프랑스 프랑, 캐나다 달러, 유로 등이 주요거래대상이 되고 있으며 국내에서는 미국 달러선물거래가 이루어지고 있다.

주가지수선물은 특정 주가지수를 대상으로 Value Line지수, Mini Value Line지수, S&P 500, S&P 100, NYSE지수, 일본Nikkei 225지수 등이 있다. 국내에서는 KOSPI 200지수와 KOSDAQ 50지수가 거래되고 있다.

3) 선물시장의 경제적 기능

선물거래는 기초자산의 가격변동위험을 헤지하고 싶은 투자자로부터 위험을 부담하는 대신 이익을 얻고자 하는 투기적 거래자에게 가격변동위험을 이전시키는 기능을 한다.

현물을 보유하고 있는 투자자는 가격하락에 따른 손실을 선물거래를 통해 보전할 수 있으며, 가격상승에 따른 이익으로 선물거래에서의 손실을 보전할 수 있어 가격변동에 따른 위험을 줄일 수 있다. 반면 투기적 거래자는 큰 이익을 얻기 위해 선물만 거래하면서 기회를 노리는 투자자를 말한다.

선물거래는 자산가격에 대해 다양한 정보제공의 기능을 한다. 선물가격은 향후 수요와 공급에 대한 정보를 반영하고 있어 미래에 대한 예측이 가능하도록 한다. 선물가격에 근거하여 시장참여자들은 투자계획 및 자금조달 계획을 쉽게 수립할 수 있다.

선물거래는 자금의 유동성을 증대시키는 기능을 한다. 선물거래는 현물거래보다 훨씬 적은 금액이 필요하므로 현물시장으로의 유동성 공급이 가능해진다.

선물거래는 재고관리를 쉽게 하는 기능을 한다. 미래에 필요한 원자재 등을 재고로 보유하지 않고도 확보할 수 있어 재고관리비용을 절감할 수 있다.

선물거래는 자원의 효율적 배분과 현물가격을 안정시키는 기능을 한다. 선물가격은 특정상품의 저장, 생산, 소비를 현재와 미래로 적절히 배분하여 자원의 효율적 배분이 가능하도록 하고 현물가격의 안정을 가져온다.

(2) 선물시장의 구성과 거래제도

선물시장의 구성과 선물거래가 이루어지는 과정에서 요구되는 다양한 거래제도에 대해 살펴보자.

1) 선물시장의 구성

선물시장은 투자자, 선물거래소, 청산소, 선물중개업자로 구성되어 있다.

① 투자자

선물거래소를 이용하는 고객인 투자자는 선물상품의 수요자와 공급자가 되며 거래목적에 따라 헤지거래자와 투기적 거래자, 차익거래자로 구분한다.

헤지거래자(hedger)는 현물 보유로 인한 가격변동위험을 회피하기 위해 선물거래로 자신의 가치를 보호하려는 투자자이다.

투기적 거래자(speculator)는 오직 선물거래만을 통해 가격변동에 따른 이익을 얻고자 하는 거래자이다. 선물가격이 예상대로 움직이면 큰 이익을 얻을 수 있지만 예상과 다르면 큰 손실을 보게 된다.

차익거래자(arbitragers)는 현물가격과 선물가격이 일시적으로 불

균형상태를 보일 경우 상대적으로 고평가된 것을 매도하고 저평가된 것을 매입하여 추가적인 부담 없이 이익을 얻고자하는 투자자이다.

② 선물거래소

투자자들이 공정하게 거래를 할 수 있도록 보장하는 조직화된 기관으로 선물거래는 자격을 갖춘 회원들의 중개를 통해 이루어져야 한다.

선물시장을 개설하여 거래할 수 있도록 물리적 장소와 설비를 제공하며 선물·옵션상품의 상장, 거래규정의 제정, 매매의 공정여부심사와 시장에서 성립된 매매거래에 따른 청산업무를 직접 담당하고 있다. 자회사로 청산기관이 있다.

③ 청산소와 선물중개업자

선물거래의 원활한 계약이행 보증을 위해 청산기관을 운용하고 있다. 청산기관은 거래소의 부속기관이나 독립된 기관으로 매입포지션에게는 매도포지션을 취해 주고, 매도포지션에게는 매입포지션을 취하여 탐색비용을 줄이고 거래의 시장성을 높여 주는 역할을 한다.

선물중개업자는 고객의 주문을 받아 직접 계약을 체결해 주고 고객의 미청산계약과 예탁자금 및 증거금을 관리해 주는 대가로 수수료를 받는 회사이다.

2) 선물시장의 거래제도

선물거래는 투자자가 선물회사를 선정하여 위탁계좌를 개설하고 상품별로 정해져 있는 증거금을 거래 전에 납부하고 거래주문을 내면 된다. 선물회사는 거래가 성립하면 매매확인서를 투자자에게 우송하고 청산소에 통보하여 거래자금을 결제하면 된다.

선물가격이 크게 변하면 계약당사자 중 일방이 큰 손실을 보기 때문에 이를 보호하고 결제불능위험을 방지하기 위한 제도적 장치가 필요하다. 이러한 안전장치기능을 하는 것이 증거금제도와 일일정산제도이다.

투자자는 성실한 계약이행을 위해 중개회사와 결제기관에 보통 계약금액의 5~15%를 개시증거금으로 예치한다. 계약체결 후에는 계약이행을 보증하기 위해 최소한 1일 변동폭에 해당하는 금액을 유지증거금으로 예치해야 한다.

유지증거금 수준을 결정하기 위해 투자자의 거래를 매일 정산가격으로 평가하고 그 결과 발생한 손익을 증거금에서 가감하는 일일정산제도를 운용하고 있다.

만일 증거금이 유지증거금 이하로 감소할 경우 청산소는 투자자에게 증거금을 추가로 예치하도록 요구하는데 이를 추가증거금 또는 변동증거금이라 한다. 투자자가 추가증거금을 납부하지 않을 경우 청산소는 투자자의 선물포지션을 반대매매하여 청산하고 증거금계정을 폐쇄한다.

(3) 국내시장의 선물거래

국내 선물시장에서는 주가지수선물거래가 증권거래소에서 거래되고 있고 미국달러선물, CD금리선물, 국고채권선물, KOSDAQ50 지수선물, 금선물 등이 선물거래소에서 거래되고 있다.

1) KOSPI200 주가지수선물

KOSPI200지수를 기초자산으로 1996년 5월 3일 개장되었으며 결제월 기준으로 3월물, 6월물, 9월물, 12월물 등 4종목이 있다. 최장거래기간은 1년이며 최종거래일은 각 결제월의 두 번째 목요일이고 거래개시일은 최종거래일의 다음 날로 한다.

지수 1포인트당 가격이 500,000원이고 호가단위가 0.05포인트이므로 최소가격변동폭은 25,000원(＝0.05×500,000원)이 된다. 개시증거금은 계약금액의 15%이고 유지증거금은 미청산계약에 한해 계약가액의 10%로 한다. 당일 가격변동폭은 전일종가의 10%이다.

사례 투자자가 10월 5일에 12월물 종가 90.00으로 4계약 매입했다. 이때 계약금액은 180,000,000원이고 계약금액의 15%인 27,000,000원을 개시증거금으로 내야 한다.

- 선물계약금액＝지수 90.00×500,000원×4계약＝180,000,000원
- 실제 투자금액＝180,000,000원×15%＝27,000,000원
- 최초 유지증거금＝180,000,000원×10%＝18,000,000원

투자자의 투자손익은 12월 두 번째 목요일의 선물가격에 따라 결정된다. 만일 가격이 상승하여 92.00이면 최종이익은 400만 원이 된다.

- 최종투자이익＝(92.00－90.00)×500,000원×4계약
  ＝4,000,000원

2) KOSDAQ50선물

KOSDAQ50지수를 거래대상으로 2001년 1월 30일부터 거래가 개시되었다. 거래종목과 결제월은 KOSPI200선물과 동일하다.

〈표 11-8〉 KOSPI200과 KOSDAQ50 선물시장의 비교

구 분	KOSPI200선물	KOSDAQ50선물
결제월	3, 6, 9, 12월(최장거래기간 : 1년)	
거래단위 (1계약의 크기)	선물가격 × 50만 원	선물가격 × 10만 원
호가단위 (tick size)	0.05포인트(25,000원)	0.05포인트(5,000원)
가격제한폭	전일 종가의 상하 10%	
기본예탁금	500만 원(선물 · 옵션 통합)	없음
거래시간	평일 : 09:00～15:15 최종거래일 : 09:00～14:50	
최종거래일	결제월 두 번째 목요일(휴장일인 경우에는 직전 영업일)	

지수 1포인트당 가격은 100,000원이며 호가도 1계약당 10,000원으로 정해져 있다. KOSPI200선물은 주식시장과 동일하게 가격, 시간, 수량 우선원칙에 따라 이루어지지만 KOSDAQ50선물은 가격과 시간 우선원칙만 적용된다.

3) 금 선 물

국내 선물거래소에 상장된 유일한 상품선물이며 미래 일정 시점에 인수도할 금을 현재 선물시장을 통해 거래한다. 금가격의 변동위험에 노출된 기업이 이용할 수 있으며 투자자는 재테크 수단으로 이용할 수 있다.

거래대상은 순도 99.99%의 금괴이며 거래단위는 1kg이다. 결제월은 2월, 4월, 6월, 8월, 10월, 12월이고 최소가격 변동폭은 10원이며 최소가격 변동금액 10,000원(1000g×10원)이다.

(4) 선물거래의 손익과 선물가격결정

선물거래의 매입과 매도에 따른 손익 그리고 선물가격결정에 영향을 미치는 요인과 보유비용모형에 대해 살펴보자.

1) 선물거래의 손익

선물매입자는 만기일에 미리 약정한 선물가격에 기초자산을 매입해야 하므로 기초자산 가격이 상승하면 이익을 얻고 하락하면 손해를 본다. 반대로 선물매도자는 선물가격이 상승하면 손해를 보고 하락하면 이익을 얻는다.

선물계약을 만기일까지 청산하지 않고 보유하는 경우 만기일의 손익은 다음과 같다.

$$\text{선물매입의 만기일 손익} = S_T - F_{0,T}$$
$$\text{선물매도의 만기일 손익} = F_{0,T} - S_T$$

여기서 S_T = 만기일의 현물가격

$F_{0,T}$ = 만기일이 T시점인 선물의 현재가격

[그림 11-8]에서 선물매입의 손익은 현물매입의 손익과 동일한 형태이며 선물매도의 손익은 현물매도의 손익과 동일한 형태이다.

2) 선물가격의 결정

선물의 이론가격은 선물가격에 영향을 미치는 요인과의 관계로 설명할 수 있으며 선물가격을 평가하기 위한 보유비용모형이 있다.

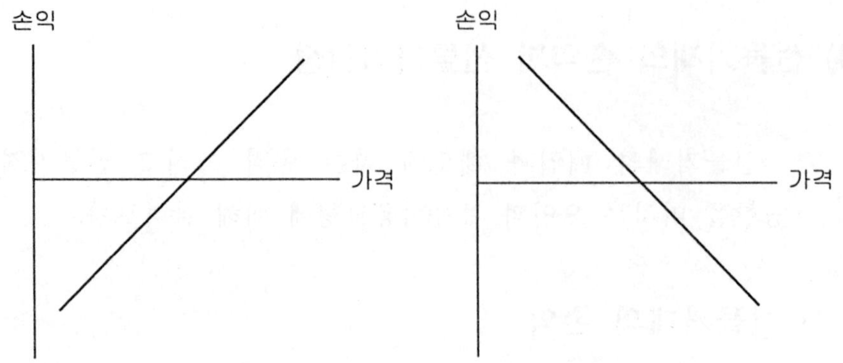

(a) 선물매입의 손익 (b) 선물매도의 손익

[그림 11-8] 선물계약거래의 손익

① 선물가격결정의 이해

선물이론가격의 결정과정을 설명하기 위해 다음 몇 가지 기호를 살펴보자.

	현재	만기
현물가격 :	S_0	S_T
선물가격 :	$F_{0,T}$	$F_{T,T}$

$r_{0,T}$ = 현재부터 선물만기일까지의 무위험이자율
S_0 = 기초자산의 현물가격
$F_{0,T}$ = 만기일 T시점에서 선물계약의 현재가격
S_T = T시점의 현물가격
$F_{T,T}$ = 선물만기일의 선물가격

선물가격은 만기일이 가까워질수록 현물가격에 수렴하게 되고 만기일에는 기초자산의 현물가격과 일치하게 된다.

$$F_{T,T} = S_T$$

② 보유비용모형

보유비용모형(carrying cost model)은 균형시장에서 선물이나 현물을 매입 후 선물만기일까지 보유하는 경우 동일한 효과가 나타나야 한다는 논리로 선물가격을 평가하는 모형이다.

선물매입은 만기일에 $F_{0,T}$의 가격을 지불하고 기초자산을 매입하는 것으로 현물매입 후 선물만기일까지 보유하는 경우와 부담하는 총금액은 같아야 한다.

$$F_{0,T} = S_0 + C$$

여기서 $C=$ 현물보유에 따른 비용

현물매입의 경우 현물가격만큼 현금이 유출되는데, 현물매입 대신 무위험자산에 투자했을 경우 발생하는 이자를 상실하게 되므로 선물가격에는 이자가 포함되어야 한다.

$$F_{0,T} = S_0 + S_0 \times r_{0,T} = S_0(1 + r_{0,T})$$

선물계약의 대상이 일반상품이라면 상품을 매입한 후 보관하는 경우 수송비, 보관료, 보험료 등 각종 보관비용을 부담해야 한다. 이 비용도 선물가격에 포함되어야 한다.

$$F_{0,T} = S_0(1 + r_{0,T}) + FV(0)$$

단, $FV(0) =$ 만기일 이전에 발생하는 보관비용의 만기일 가치

만일 선물거래의 대상이 주식이나 채권 등 금융자산이라면 선물만기일까지 배당이나 이자 등의 보유소득을 얻게 되므로 선물가격은 그만큼 작아야 한다.

$$F_{0,T} = S_0(1 + r_{0,T}) - I$$

단, $I = T$시점까지의 이자소득 내지 배당소득

3) 베이시스와 베이시스 위험

베이시스(basis)는 선물가격과 현물가격의 차이를 말한다.

베이시스 = 선물가격 − 현물가격

선물가격은 현물가격에 만기일까지의 보유비용을 합한 값이므로 일반적으로 선물가격은 현물가격보다 높게 형성된다. 만기가 길수록 가격이 높게 형성되는데 이런 현상을 콘탱고(contango)라 부른다.

금융선물의 경우 현물매입에 따른 기회비용보다 보유수익이 크면 선물가격이 현물가격보다 낮게 형성된다. 만기가 길수록 가격이 낮게 형성되는데 이러한 현상을 백워데이션(backwardation)이라 부른다.

베이시스는 만기일에 가까울수록 점차 감소하며 만기일에는 선물가격의 인도일 수렴현상에 의해 선물가격이 현물가격과 일치되어 0이 된다. 만약 0이 되지 않는다면 만기일에 차익거래가 발생할 것이다.

현물가격과 선물가격이 동일하게 변하면 베이시스가 일정하므로 현물시장의 손익이 선물시장의 손익에 의해 완전히 제거되어 완전헤지가 가능해진다. 그러나 현물과 선물의 가격이 동일하게 변하지 않으면 베이시스가 변하게 되고 이로 인해 선물거래에 따른 손익이 변하게 된다. 이를 베이시스 위험(basis risk)이라 부른다.

선물거래로 베이시스 위험이 발생하지만 현물가격이나 선물가격의 변동에 비해 베이시스 변화는 매우 작게 나타난다. 따라서 선물거래로 현물가격의 변동위험을 선물의 베이시스 위험으로 전환시키는 것이다.

제12장

부동산투자

1. 부동산의 이해
2. 부동산의 특성
3. 부동산 가격결정

부동산은 위치를 쉽게 움직일 수 없는 재산을 의미하며 토지와 장착물로 정의하고 있다. 부동산의 수요와 공급, 비용, 수익성 등 가격변동과 관련된 내용에 대해 살펴보도록 한다.

1. 부동산의 이해

(1) 투자의 의의

투자는 미래 현금흐름과 현재 현금흐름의 교환으로 미래의 불확실한 수익을 위해 현재의 확실한 소비를 희생하는 것을 의미한다. 투자는 미래의 위험을 감수하는 대가로 보상이 따르는데 이를 수익이라 부른다.

(2) 부동산투자의 특징

- 장기간에 걸쳐 거액의 투자가 이루어진다.
- 미래의 기대수익이 불확실하지만 높은 수익을 기대할 수 있다.
- 도난의 위험이 적고 개발이익을 기대할 수 있다.
- 감가상각에 따른 절세효과가 나타난다.

(3) 부동산투자의 목적

① 현금소득의 극대화

부동산투자를 통해 임대료나 토지사용료, 부동산 가격 상승 등의 소득을 얻을 수 있다.

② 자본이득의 극대화

대출을 받아 부동산에 투자하는 수익률이 이자비용보다 더 높게 발생하는 경우 레버리지 효과를 얻을 수 있다. 매도하면 자본이득을 얻을 수 있다.

③ 소득의 연기

현재 확실한 수익보다는 미래에 발생할 소득이 더 높을 것으로 기대하고 투자한다.

④ 절세효과

금융자산보다 실물자산에 투자하면 이자비용 절감, 낮은 세율, 세액공제, 감가상각비 증가로 절세효과를 얻을 수 있다.

⑤ 인플레이션 방어

실물자산에 투자하면 인플레이션으로 인한 손실을 방지하고 자산가치를 보존할 수 있다.

(4) 부동산투자의 검토사항

① 투자의 안정성

부동산투자 이후 원금을 합리적으로 회수할 수 있는 안정성이 확보되어야 한다. 안전성은 항상 보장되는 것이 아니고 때로는 원금회수가 불가능한 경우가 생길 수도 있다. 안정성은 법률적·기술적·경제적 측면에서 분석하고 판단해야 한다.

② 투자의 유동성

현금이 필요할 때 손실 없이 언제든지 처분이 가능하거나 정기적으로 수익을 창출하는 능력을 가지고 있어 자산가치가 꾸준히 증가하는 것을 말한다.

이렇게 유동성이 확보되어 있는 자산은 가격상승에 영향을 미치게 된다.

③ 자본가치 증대

투자로 인해 자본가치가 증대하고 인플레이션으로 손실이 적어야 한다. 때로는 화폐가치의 하락으로 인해 자본가치가 감소하는 일이 발생할 수도 있다. 이를 경제가치의 위험부담이라 부른다.

④ 접근성

부동산투자에 있어 시간, 요금, 교통 등 접근성은 부동산 가치를 결정하는 중요한 요인으로 신중하게 고려되어야 한다.

⑤ 세제 혜택

부동산투자에서 세금은 투자금액에 대해 큰 비중을 차지하고 있다. 투자에 있어 세제 혜택은 부담을 줄이는 측면에서 유리하며 투자수익률 비교는 세후 수익을 기준으로 해야 한다.

⑥ 경영관리의 부담

투자자가 부동산관리에 직접 참여할 의사가 있는지 고려해야 한다. 참여할 의사가 없는 경우 관리에 대한 부담이 없어야 한다.

⑦ 레버리지 효과

부동산에 투자하는 자금을 소유자본만으로 할 것인가 아니면 외부에서 차입을 받아 할 것인가를 결정해야 한다. 차입을 받아 투자하는 경우 투자수익이 이자비용보다 더 많으면 수익률을 극대화할 수 있다.

(5) 부동산투자의 위험

① 사업상의 위험

부동산투자로 인해 발생하는 수익성에 관한 위험으로 시장위험, 운영위험, 위치적 위험 등이 있다.

- 시장위험 : 부동산시장의 수요와 공급의 예측을 잘못하여 발생하는 위험으로 수익성에 영향을 미치게 된다.
- 운영위험 : 운영을 잘못하여 발생하는 위험으로 관리 미숙과 근로자의 무능력 등이 있다.
- 위치적 위험 : 교통이나 유동인구 등 지리적 위치가 낙후된 부동산에 투자하여 발생하는 위험으로 유동성에 영향을 미칠 수 있다.

② 금융상의 위험

투자금액의 일부를 부채로 이용하는 경우 원금과 이자를 적시에 지불하지 못해 발생하는 채무불이행 위험을 말한다. 부채가 많을수록 위험이 더 커지며 심하면 파산의 가능성도 높아지게 된다.

부동산에 투자할 때 적절한 부채를 이용하게 되면 지급이자에 비해 수익이 더 많아지게 되어 지분수익률이 상승하는 레버리지 효과를 얻을 수 있다. 부채가 많을수록 수익이 더 커질 수 있지만 그만큼 이자부담이 많아져 금융상의 위험이 더 커지게 된다.

③ 법적 위험

위치의 고정성과 공급의 부증성 등의 부동산 관련 특성으로 인해 소유권과 정부정책 등의 법적 환경 변화에 따라 영향을 받게 되는데 이러한 영향으로 인해 발생하는 위험을 말한다.

부동산 관련 세제나 임대료 등의 법적 변경이나 정부 정책에 의한 이자율 변동 등은 부동산투자에 대한 수급을 변화시키고 부동산 가치에 영향을 미치게 한다.

④ 인플레 위험

인플레이션이 발생할 때 물가상승에 비해 부동산 가격이 상승하지 못하면 부동산에 대한 구매력이 감소하게 된다. 또한 물가상승으로 이자율이 상승하는 반면 화폐가치는 하락하고 이자부담이 커지게 되는 위험을 말한다.

인플레이션으로 대출자는 이자율을 높이게 되고 투자자는 이자부담이 커지게 되므로 상대적으로 수익이 감소하게 되어 원하는 수익을 얻을 수 없게 된다.

⑤ 유동성 위험

부동산 보유자가 처분하고 싶을 때 처분하지 못하고 매각가격을 할인하여 처분해야 하는 위험을 말한다. 부동산은 금융자산에 비해 유동성 위험이 크며 처분하기까지 대략 6개월 이상의 기간이 소요될 수 있다.

(6) 시장가치와 투자가치

① 시장가치

부동산의 공개 경쟁시장에서 투자자들 사이에 거래되는 공정한 가격으로 객관적 가치를 지니는 것으로 의미한다.

② 투자가치

투자자가 미래 기대할 수 있는 수익을 현재가치로 할인한 가격으로 주관적 가치를 지니는 것으로 의미한다. 여기서 현재가치로 할인하기 위해서는 할인율이 필요하며 이를 요구수익률이라 한다. 부동산에 대한 위험이 클수록 요구수익률이 커지므로 투자가치는 하락하게 된다.

$$\text{부동산의 투자가치} = \frac{\text{투자에 대한 기대순이익}}{\text{시장의 요구수익률}}$$

③ 시장가치와 투자가치의 비교

- 시장가치 < 투자가치 : 투자 선호
- 시장가치 > 투자가치 : 투자 회피

투자가치가 시장가치에 비해 크면 투자를 선호할 것이고 반대로 투자가치가 시장가치에 비해 작으면 투자를 회피할 것이다.

2. 부동산의 특성

부동산이 가지고 있는 고유한 성질을 말하는 것으로 부동산의 특성은 자연적 특성과 인문적 특성으로 구분한다. 또한 부동산시장의 고유한 특성이 다른 일반시장과 어떻게 다른지 살펴보고자 한다.

(1) 부동산의 특성

자연적 특성에는 부동성, 불변성, 부증성, 개별성, 인접성 등이 있으며 인문적 특성에는 용도의 다양성, 분할 병합의 가능성, 사회적 · 경제적 · 행정적 위치의 가변성 등으로 구분한다.

〈표 12-1〉 부동산의 특성

- 자연적 특성
  - 부동성
  - 불변성
  - 부증성
  - 개별성
  - 인접성
- 인문적 특성
  - 용도의 다양성
  - 분할 병합의 가능성
  - 사회적 · 경제적 · 행정적 가변성

① 부동성

부동성은 부동산의 위치를 이동할 수 없다는 부동산 고유의 특성으로 고정성이나 비이동성 등으로 부른다.

부동성에는 다음과 같은 특징이 있다.

- 부동산은 움직일 수 없으므로 동산과 구별된다.
- 부동산 활동이 부동산이 위치하는 현장에서 이루어진다.
- 부동산의 위치가 가격을 결정할 수 있도록 한다.
- 사회적 · 개인적 심리에 의해 부동산 활동이 영향을 받게 된다.
- 부동산 활동이나 현상이 지역적으로 나타난다.

② 불변성

토지는 홍수로 유실되거나 사용으로 일부가 소모되어도 전체적으로 모습을 유지하는 특성으로 영속성, 비소모성, 내구성 등으로 부른다.

토지는 영속성을 갖지만 건물은 축조물로 반영속성이기 때문에 감가상각의 대상이 되지만 토지는 대상이 아니다.

영속성에는 다음과 같은 특징이 있다.

- 소유와 이용을 분리하여 타인에게 이용을 가능하게 한다.
- 토지의 수익은 영속성이고 건물은 반영속성이다.
- 부동산 관리의 중요성이 커진다.
- 부동산 활동이 단기적이 아닌 장기적인 고려가 필요하다.

③ 부증성

주로 토지에 해당되는 것으로 생산비나 노동을 투입하여도 물리적인 양을 늘리지 못하는 특성으로 비생산성이나 비증가성 등으로 부른다.

토지는 수요가 증가하여도 공급을 증가시킬 수 없어 가격에 비탄력적이다. 매립이나 택지조성 등은 토지의 양이 증가한 것이 아니라 용도전환으로 본다.

부증성에는 다음과 같은 특징이 있다.

- 토지를 소유하려는 독점의 가능성이 있다.
- 가격상승에 대응하여 공급의 증가가 완전비탄력적이다.
- 인구증가로 인해 토지이용이 집약화되고 투기가 가능해진다.
- 수요와 공급의 불균형으로 균형가격의 성립이 어려워진다.

④ 개별성

자연적인 조건인 지형, 위치, 지세, 지반 등이 동일하지 않으며 해당 부동산과 완벽하게 대체하는 부동산이 존재하지 않다는 특성으로 비동질성이나 비대체성 등으로 부른다.

개별성에는 다음과 같은 특징이 있다.

- 부동산시장이 불완전 경쟁시장이 된다.
- 각 부동산마다 가격이나 수익이 다르기 때문에 서로 비교가 어렵다.
- 부동산 활동이 개별적으로 이루어지고 개별분석이 필요하다.
- 각 부동산마다 감정평가가 필요하며 표준지 선정이 어렵다.

⑤ 인접성

토지는 서로 연결되어 있고 다른 토지와 연결되어 있다는 특성으로 연결성이라 부른다.

인접성에는 다음과 같은 특징이 있다.

- 토지는 인접되어 서로 영향을 미치므로 지역분석이 필요하다.
- 인접지에서 소유권 문제가 발생할 수 있다.
- 인접지역 내에서 상호 협동적인 이용논리가 형성될 수 있다.

⑥ 용도의 다양성

토지를 주거용지, 공공용지, 산업용지 등 다양한 용도로 사용하는데 이러한 특성을 용도의 다양성이라 부른다. 부동산의 다양한 용도 중에서 최대의 효용을 창출할 수 있는 최유효이용의 원칙을 따른다.

용도의 다양성에는 다음과 같은 특징이 있다.

- 최유효이용의 원칙과 최적의 토지이용론의 근거가 된다.
- 용도의 다양성으로 수요자에 따라 토지나 건물의 가치가 달라진다.
- 창조적인 토지 활용의 근거가 된다.

⑦ 분할 병합의 가능성

토지는 개발이나 이용 목적에 따라 면적을 큰 규모나 작은 규모로 합치거나 분할할 수 있는데 이러한 특성을 분할 병합의 가능성이라 부른다.

분할 병합의 가능성에는 다음과 같은 특징이 있다.

- 분할이나 병합에 따라 부동산의 가치가 변할 수 있다.
- 토지의 면적을 제한하거나 분할하여 다양한 용도로 사용한다.
- 토지의 가치는 분할과 병합을 통해 수익체감의 원칙이 적용 가능하다.

⑧ 사회적 · 경제적 · 행정적 위치의 가변성

부동산의 자연적 위치는 불변이지만 주변의 사회적 · 경제적 · 행정적인 위치가 변하면 부동산 가치가 변하게 되는데 이를 위치의 가변성이라 부른다.

- 사회적 위치의 가변성 : 시간이 지나면서 공장이나 학교의 이전, 역세권이나 중심권의 이동, 인구의 변화 등으로 부동산의 환경이 변화한다.
- 경제적 위치의 가변성 : 소득이나 교통의 변화 등으로 부동산의 재산가치와 재산권에 영향을 미친다.
- 행정적 위치의 가변성 : 주택정책의 변화, 종부세의 완화, 그린벨트 해제 등으로 부동산 가치가 변화한다.

(2) 부동산시장의 특성

부동산시장은 고정성과 개별성이라는 특성으로 인해 일반 시장과 달리 추상적 시장이며 특정 지역별로 형성되는 지역별 부분시장이라는 불완전한 시장의 특성을 갖는다.

① 시장의 지역성

- 부동산은 고정성이라는 특성으로 인해 지역적으로 고립되어 있어 지역별로 좁은 불안전시장이 형성된다.
- 지역성으로 인해 지역별 경제적 · 사회적 · 행정적 환경에 따라 부동산시장의 수요와 공급이 영향을 받는다.
- 광범위한 지역의 정보를 얻기 위해서는 인터넷 사이트 등을 통해 다른 지역의 정보수집이 중요하다.

② 거래의 비공개성

- 부동산은 거액 자금이 거래되므로 매수자, 매도자, 중개인 모두 공개를 회피하는 경향이 있다.
- 비공개로 인해 불합리한 가격이 형성되고 정보수집을 위한 비용이 발생한다.
- 양도소득세나 종부세 등 자금 출처조사를 피하기 위해 거래금액을 숨기고자 한다.

③ 상품의 비표준화성

- 부동산은 규모, 위치, 가격, 용도 등 개별성으로 인해 규격화와 표준화가 불가능하여 다양하다.
- 대량생산이 어렵고 개별성이 강해 대체재를 찾기가 불가능하다.
- 비표준화로 수요와 공급에 대한 분석이 어렵다.

④ 시장의 비조직성

- 부동산시장은 지역성, 비공개성, 비표준화성 등으로 물리적 조직이 존재하지 않는 약간의 추상적 개념을 보인다.
- 거래당사자 사이에 비공개로 직거래가 형성되기 때문에 매매가격이 다양하게 형성된다.

⑤ 수급조절 곤란성

- 부동산은 수요가 증가하면서 가격이 상승하여도 공급을 적절히 조절할 수가 없다.
- 수요와 공급을 조절할 수 없어 가격의 왜곡현상이 심화될 수 있다.

- 부동산은 개별성과 지역성의 특성으로 인해 수요와 공급의 조절이 어려워진다.

⑥ 거래의 장기성

- 부동산은 거래대금이 거액이어서 매수 및 매도에 참여하는데 장기간의 시간이 소요된다.
- 매수에 필요한 자금을 확보하는 데 장기간의 시간이 필요하다.
- 금융자산에 비해 상대적으로 낮은 유동성을 보이고 있다.

⑦ 법률의 제한성

- 부동산은 다른 자산에 비해 공공성을 더 요구하므로 거래에 있어 법률적 제한이 많이 따른다.
- 법률적 제한은 부동산시장을 불안전시장으로 만들고 가격을 왜곡시켜 시장의 조절기능을 약화시킨다.

3. 부동산 가격결정

부동산의 균형가격이 결정되는 과정과 균형가격이 수요와 공급에 따라 변동하는 상황 그리고 최고가격제와 최저가격제에 대해 살펴보도록 한다.

(1) 균형가격의 결정과정

수요와 공급이 일치하여 매수하고 싶으면 모두 매수할 수 있고 매도하고 싶으면 모두 매도할 수 있어 모두가 만족하는 가격 수준을 균형가격이라 부른다.

균형가격은 수요와 공급이 일치하는 점(P_0)에서 결정되고 이 점에서 수요량과 공급량이 균형을 이루는 것으로 본다.

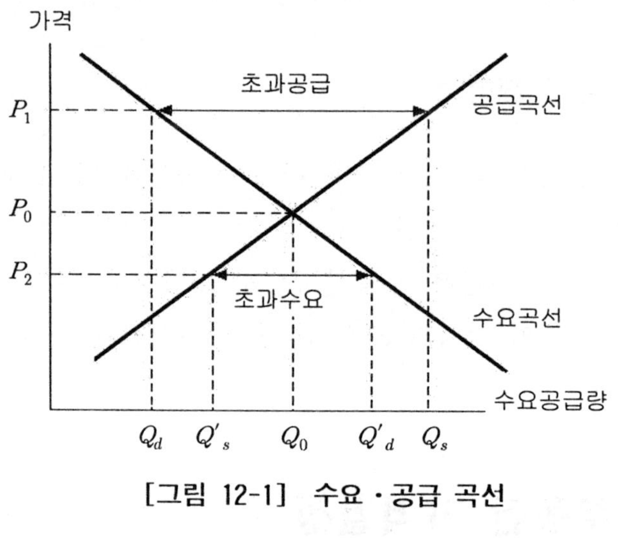

[그림 12-1] 수요 · 공급 곡선

① 초과공급 발생 시

수요량 Q_d에 비해 공급량 Q_s이 많은 것으로 초과공급량($Q_s - Q_d$)이 발생하여 가격이 P_1에서 결정된다.

이후 가격이 하락하기 시작하여 수요와 공급이 일치하는 수준 P_0에서 가격이 결정된다. 이 가격 수준을 균형가격 또는 시장가격이라 부른다.

② 초과수요 발생 시

수요량 Q'_d에 비해 공급량 Q'_s이 적은 것으로 초과수요량($Q'_d - Q'_s$)이 발생하여 가격이 P_2에서 결정된다. 이후 가격이 상승하기 시작하여 수요와 공급이 일치하는 수준 P_0에서 가격이 결정된다. 이를 균형가격이라 부른다.

(2) 균형가격의 이동

수요와 공급이 일치하는 수준에서 균형가격이 결정되므로 수요와 공급 중에서 어느 하나에 변화가 생기면 균형가격은 변동하게 된다.

① 수요 증가할 때

수요가 증가하게 되면 초과수요가 발생하여 가격이 상승하게 된다.

② 수요 감소할 때

수요가 감소하게 되면 초과공급이 발생하여 가격이 하락하게 된다.

③ 공급 증가할 때

공급이 증가하게 되면 초과공급이 발생하여 가격이 하락하게 된다.

④ 공급 감소할 때

공급이 감소하게 되면 초과수요가 발생하여 가격이 상승하게 된다.

(3) 가격통제

① 최고가격제

최고가격제는 균형가격보다 낮은 수준에서 가격이 형성되도록 하여 균형가격 이하의 가격에서 거래되는 것을 의미한다. 낮은 가격의 형성으로 소비자를 보호하는 데 목적이 있다.

최고가격제로 인한 영향은 다음과 같다.

- 낮은 가격으로 수익이 감소하면서 공급물량이 줄어든다.
- 장기간 공급물량의 감소로 가격 상승이 나타날 수 있다.
- 균형가격 이하로 거래되면서 초과수요가 나타나고 암시장이 형성된다.

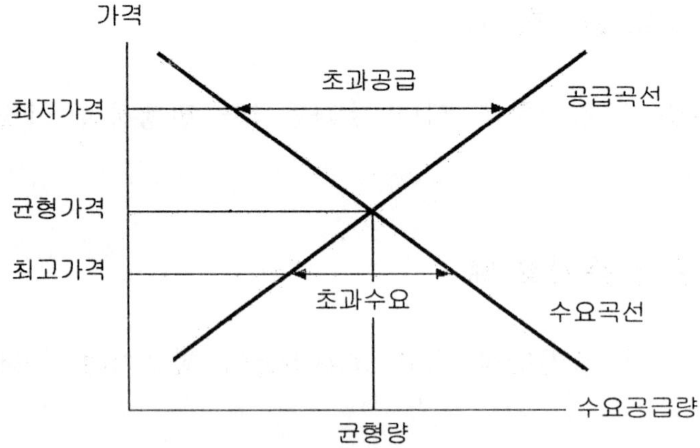

[그림 12-2] 최고가격과 최저가격

② 최저가격제

최저가격제는 균형가격보다 높은 수준에서 가격이 형성되도록 하여 균형가격 이상의 가격으로 거래되는 것을 의미한다. 높은 가격의 형성으로 특정 산업을 보호하고 공급자를 보호하는 데 목적이 있다.

최저가격제로 인한 영향은 다음과 같다.

- 높은 가격의 형성으로 수익이 증가하면서 공급물량이 늘어난다.
- 장기간 공급물량의 증가로 가격 하락이 나타날 수 있다.

제13장

부동산의 경기변동

1. 경기변동의 이해
2. 부동산경기

부동산경기는 일반적으로 건축경기를 말하며 작게는 주거용 부동산의 경기를 의미한다. 부동산시장은 여러 개의 부분시장으로 이루어져 상승과 하락을 주기적으로 반복하고 있다.

1. 경기변동의 이해

부동산경기를 공부하기에 앞서 일반경기변동의 종류와 각 국면별 특징에 대해 살펴보고자 한다.

(1) 경기변동의 의의

경기는 국민의 소득, 소비, 고용 등 국민경제의 활동수준을 나타내는 것으로 상승과 하강을 주기적으로 반복하게 되는데 이러한 현상을 경기변동이라 부른다.

① 경기변동의 종류

- 단기파동 : 키친 파동이라 하며 약 2~5년 정도의 기간이 소요된다. 통화량 · 이자율 · 물가 · 환율의 변동이나 상품재고변동 등에 따라 일어나는 변동이다.
- 중기파동 : 쥬글라 파동이라 하며 약 6~10년 정도의 기간이 소요된다. 기업의 설비투자 변동이나 농산물 작황 등에 따라 일어나는 변동이다.
- 장기파동 : 콘트라티에프 파동이라 하며 약 50~60년 정도의 기간이 소요된다. 기술혁신이나 신자원 개발 등에 따라 일어나는 변동이다.

② 경기변동의 국면

- 경기변동은 〈호황 → 후퇴 → 불황 → 회복〉의 4국면으로 구분하고 있다.
- 호황기와 후퇴기 사이에 정점이 있으며 불황기와 회복기 사이에 저점이 있다.
- 정점과 저점 사이의 높이를 진폭이라 하고 호황기에서 회복기까지의 길이를 주기라 한다.

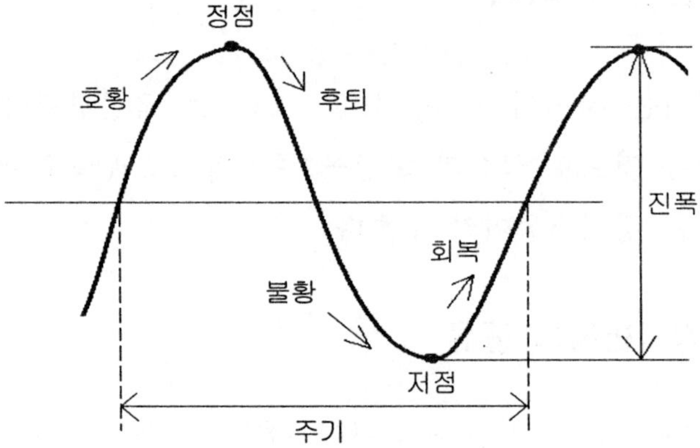

[그림 13-1] 경기변동의 국면

(2) 경기변동별 특징

① 호황기

- 경제활동이 가장 활발한 국면이다.
- 투자 · 소득 · 고용 및 상품에 대한 생산과 수요 등이 증가하고 재고가 감소한다.
- 주식과 부동산시장이 상승하고 국민소득이 증가하며 기업이윤이 늘어난다.

② 후퇴기

- 호경기 지속 이후 정점을 지나 후퇴기에 진입한다.
- 경제활동이 위축되면서 생산설비의 확장으로 재고가 증가하기 시작한다.
- 투자 · 소득 · 고용 및 상품에 대한 수요가 감소하면서 기업이윤이 줄어든다.

③ 불황기

- 투자 · 소득 · 고용 및 상품에 대한 수요가 크게 감소한다.
- 모든 경제활동이 위축되고 재고가 쌓이면서 부도기업이 발생한다.
- 주식과 부동산시장에서 거래가 사라지고 가격이 급락한다.

④ 회복기

- 불황기 이후 저점을 지나 회복기에 진입한다.
- 투자 · 소득 · 고용 및 상품에 대한 수요가 서서히 증가한다.
- 주식과 부동산시장에서 거래가 증가하면서 완만하게 상승을 시도한다.

(3) 경기에 관한 지표

① 경기종합지수

- 미국에서 1968년에 도입하여 1981년 3월부터 통계청에서 발표
- 각종 경제지표들이 전월대비 증감률을 합성하여 작성

- 지수의 전월 대비 증감률이 '+'인 경우에는 경기상승을 '–'인 경우에는 경기하강을 나타냄
- 동행지수, 선행지수, 후행지수로 구성

② 동행지수

- 현재의 경기동향을 가장 잘 반영하는 지표들을 모아 만든 지수
- 동행종합지수는 노동투입량, 제조업가동률지수, 도소매판매지수, 생산자출하지수, 전력사용량, 시멘트소비량, 실질수출액, 실질수입액, 총산업생산지수, 비내구소비재 출하지수 등 10개 지표를 합성해 산출
- 공장의 가동률이 높아가고 노동자가 바쁘게 움직이면 경기호전
- 수입량과 수출량이 증가하고 생산량이 증가하면 경기호전
- 건축경기가 활기를 띠면서 시멘트소비가 증가하고 공장과 사무실에서 전력소비가 증가하면 경기호전
- 동행지수를 가지고 경기국면을 판단할 때는 '동행지수 순환변동치'를 사용
- '동행지수 순환변동치'는 동행지수 변동요인 중 추세적 요인을 제거하고 만듦
- 경기순환은 순환변동치의 움직임을 보고 경기 상승과 하락을 판단
- 경기상승기에 100을 넘어서면 활황기에 들어섰다고 해석

③ 선행지수

- 현재 경기동향을 측정하는 것이 아니라 보통 3~4개월 후의 경기동향을 예측하는 단기 예측지표
- 내구소비재출하, 건축허가면적, 기계수주액, 재고순환지표, 통

화량, 수출신용장 내도액, 총유동성 자본재수입액 등 10개 지표를 합성해 산출
- 건축을 하려면 몇 개월 전에 건축허가를 받아야 하므로 건축허가면적을 보면 미래 건축경기를 파악
- 시중에 돈이 많이 풀려 있으면 경기가 호전될 가능성이 높으므로 총유동성을 파악
- 기계 수입이 늘어나면 경영자들이 미래 경기가 호전될 가능성이 높을 것으로 보고 기계수주액을 파악
- 실제로 미래의 경기를 예측할 때는 지난해 같은 달과 비교한 '선행지수 전년동월비'를 사용
- 선행지수가 상승하고 있으면 조만간 경기가 호전될 것으로 해석

④ 후행지수

- 현재 경기를 나중에 확인하기 위해 만든 지수
- 재고지수, 비농가실업률, 도시근로자수 등의 지표를 합성해 산출
- 공장창고에서 재고가 쌓인 상태로 줄어들지 않으면 경기악화
- 실업자가 증가하면 경기가 악화된 것으로 해석

2. 부동산경기

부동산경기의 이해와 특징 그리고 부동산경기를 측정하는 지표인 건축량, 가격변동, 거래량 등에 대해 살펴보고자 한다.

(1) 부동산경기의 이해

① 의 의

일반적으로 건축경기를 말하는 것으로 협의와 광의의 부동산경기로 구분한다.

- 협의의 부동산경기 : 주거용 부동산의 건축 경기
- 광의의 부동산경기 : 상업용, 공업용 부동산경기를 포함
- 최광의의 부동산경기 : 광의의 부동산경기에 토지경기를 포함

② 부동산 경기변동의 특징

- 부동산경기 변동주기는 일반경기보다 2배가량 긴 17~18년 정도이다.
- 부동산경기는 일반경기보다 저점이 낮고 정점이 높아 진폭이 크게 나타난다.
- 일반적으로 부동산 경기변동은 일반경기와 일치하지만 변동국면이 뚜렷하지 않고 일정하지 않다.
- 부동산경기는 타성현상으로 인해 후퇴기간은 짧고 회복기간은 길다.

(2) 부동산경기의 측정 지표

① 건축의 양

- 건축량의 증가와 감소는 부동산경기를 측정하는 중요한 지표가 된다.

- 건축량은 신축이나 증축 허가면적을 참고하여 측정한다.
- 건축은 시장수요에 적절히 반응하지 못하므로 미분양재고량을 참고해야 한다.

② 가격변동

- 부동산가격의 상승과 하락은 부동산경기를 측정하는 지표가 된다.
- 건축비 상승이나 일시적 투기에 의한 가격상승이 부동산경기의 전반적인 상승으로 볼 수는 없다.

③ 거래량

- 거래량의 증가와 감소는 부동산경기를 측정하는 지표가 된다.
- 호경기에는 등기의 신청건수가 증가하고 불경기에는 줄어들기 때문에 거래량을 조사하는 지표가 된다.
- 주택거래량은 부동산시장에 미치는 영향이 크며 부동산경기의 선도적 지표가 된다.

④ 주택금융의 상태

- 주택금융이 양호하면 주택자금 마련에 유리하여 부동산시장에 긍정적인 영향을 미치게 되므로 부동산경기를 측정하는 지표가 된다.

⑤ 임대료수준과 공가율

- 경기가 회복되면 공가율이 줄어들면서 임대료수준이 상승하게 되므로 부동산경기를 측정하는 지표가 된다.

- 반대로 공가율이 늘어나면 임대료수준이 하락하는 경향을 보인다.

⑥ 분양실적

- 분양이 잘되면 건축이 활발하고 경기가 호전되므로 부동산경기를 측정하는 지표가 된다.

(3) 부동산시장의 국면별 특징

부동산시장을 회복시장, 상향시장, 후퇴시장, 하향시장, 안정시장 등으로 구분하여 살펴보고자 한다.

① 회복시장

부동산시장이 하향시장을 벗어나 회복되면서 거래가 늘어나고 가격이 상승하기 시작하는 단계이다. 특징은 다음과 같다.

- 저금리로 인해 부동산투자에 대한 관심이 생겨난다.
- 부동산 경기회복은 개별 또는 지역별로 나타나는 것이 일반적이다.
- 회복추세로 진입하면서 과거 거래의 사례가격은 현재 거래의 기준이 되거나 하한선이 된다.
- 회복추세는 서서히 나타나지만 과거 투기발생지역의 회복추세는 나타나지 않는다.
- 부동산 수요가 서서히 늘어나면서 건축허가신청수가 증가하기 시작한다.
- 하향시장의 매수자 중시의 태도에서 매도자 중시로 변하게 된다.

② 상향시장

회복시장에 이어 거래가 증가하고 가격이 상승하면서 호황기가 지속되는 시장을 말한다. 특징은 다음과 같다.

- 과거의 사례가격은 현재 거래가격의 하한선이 된다.
- 건축허가신청이 증가되고 증가율이 계속 상승한다.
- 부동산 가격의 상승으로 매수는 서두르고 매도는 지연시켜 매도자 중시 현상이 나타난다.
- 가격의 추가상승을 기대하면서 거래성립이 줄어들고 거래가 감소하면서 후퇴시장의 초기국면이 나타난다.

③ 후퇴시장

상승국면 이후 거래가 감소하고 가격이 하락하기 시작하면서 불황국면으로 내려가는 국면이다. 특징은 다음과 같다.

- 고금리로 인해 부동산투자에 대한 관심이 줄어든다.
- 과거 사례가격은 현재 거래가격의 기준이 되거나 상한선이 된다.
- 거래가 감소하면서 매도자 중시에서 매수자 중시현상으로 바뀐다.
- 경기가 급속히 하락하면서 부동산 거래활동이 중단되는 곳이 나타난다.

④ 하향시장

후퇴시장 이후 경기가 침체되면서 거래가 한산해지고 가격 하락이 지속되는 국면이다. 특징은 다음과 같다.

- 부동산경기의 수축으로 거래가 감소하고 가격이 하락한다.
- 투기과열 지역일수록 부동산시장이 깊은 불황에 빠지게 된다.
- 과거 사례가격은 현재 거래가격의 상한선이 된다.
- 건축허가신청건수가 줄어들고 건축 활동이 둔화된다.
- 투기과열 이후 경제적 불평등이 사회문제가 되기도 한다.

⑤ 안전시장

부동산 가격이 안정되면서 거래가 형성되고 소폭이나마 가격상승이 유지되는 국면이다. 특징은 다음과 같다.

- 부동산시장만의 독특한 국면으로 불황에 강한 유형의 시장이라 한다.
- 경기의 불황이나 호황에 관계없이 존재하며 수급이 안정되어 있다.
- 위치와 규모가 우수한 주택이나 도심지의 상가 등에서 나타난다.

(4) 경제현상으로 부동산경기 파악

① 회복기에 나타나는 경제현상

- 감소하던 고객의 출입이 서서히 증가하기 시작
- 공실률 및 공가율이 감소하기 시작
- 택지의 거래는 증가하나 건축허가신청건수는 증가하지 않음
- 매도자 중시현상이 나타나기 시작
- 일부 지역에 투기현상이 나타나기 시작
- 감정평가 시에 과거의 사례가격이 하한가

- 미분양물건과 경매물건이 감소하기 시작
- 부동산 중개업소가 증가하기 시작
- 부동산대책이 계속 발표되고 실제로 효과가 나타나기 시작

② 활황기에 나타나는 경제현상

- 부동산 거래가 활기를 띄우며 과거 거래사례가 하한선
- 매도자 중시
- 건축허가신청이 증가
- 지역에 관계없이 거래가 증가
- 상가의 경우 100% 분양 증가
- 경매물건의 급감
- 부동산 초보자들이 부동산에 대한 관심 증가
- 일반 주부들이 부동산 활동에 참여 증가

③ 수축기에 나타나는 경제현상

- 가격이 하락하며 과거 사례가격이 상한선
- 공실률 증가하고 건축허가 급속히 감소
- 일부 가격하락이 큰 지역에 부동산 거래활동 중단
- 분양물건의 미분양 증가
- 매매가 형성되지 않아 경매물건이 증가
- 부동산 중개업소의 폐업 증가

④ 불황기에 나타나는 경제현상

- 가격의 하락이 지속되지만 하락폭 다소 둔화
- 건축허가 최저 수준
- 미분양물건 증가속도 둔화

- 경매물건의 증가속도 둔화되거나 일부 감소
- 부동산경기 활성화를 위한 정부대책이 나오기 시작하지만 불황 지속

(5) 부동산경기와 일반경기의 변동

① 협의부동산경기와 일반경기와의 관계

- 협의부동산경기는 주거용 부동산의 건축 경기를 의미한다.
- 일반경기가 호황일 때는 수익성이 높은 부분에 투자가 이루어진다.
- 상대적으로 주택부문에 대한 투자는 감소하게 된다.
- 주택에 대한 수요가 감소하면서 주택의 공급이 감소하게 된다.
- 따라서 주거용 부동산경기는 일반경기와 역순환적 현상을 보인다.

② 광의부동산경기와 일반경기와의 관계

- 광의부동산경기는 상업용 및 공업용 부동산경기를 의미한다.
- 일반경기가 호황일 때는 공장이나 사무실에 대한 수요가 증가한다.
- 수요의 증가에 따라 공급이 증가하게 된다.
- 따라서 상업용 및 공업용 부동산경기는 일반경기와 순환적 현상을 보인다.

③ 부동산과 일반경기의 변동과정

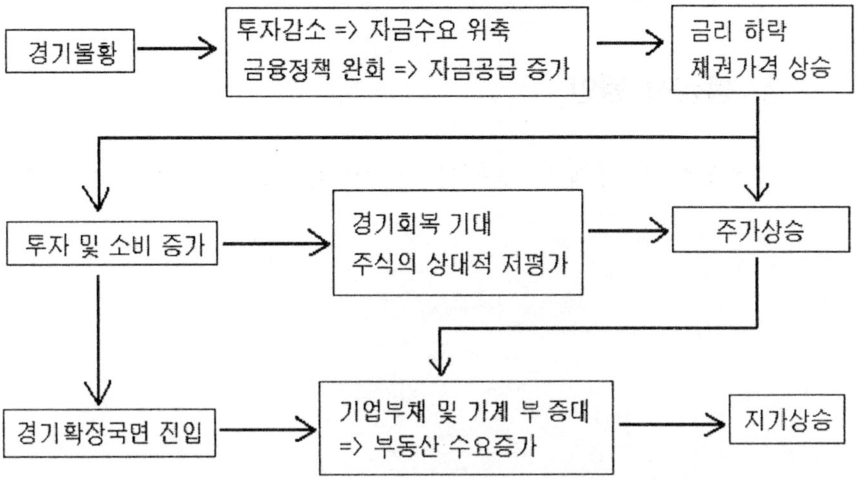

[그림 13-2] 부동산과 일반경기의 변동과정

(6) 부동산 경기변동의 원인

① 사회적 원인

- 인구의 도시집중과 부동산에 대한 투자심리
- 토지거래 및 사용수익의 관행 등
- 공급 · 재정 · 금융 등의 상태

② 경제적 원인

- 소득의 증가로 인한 부동산의 초과수요
- 부동산투자로 인한 부동산의 초가공급 재정 및 금융상태 등

③ 자연적 원인

• 인구 증가와 계절적 영향 등

④ 행정적 원인

• 통화량 정책과 부동산 투기억제 정책, 교통정책, 그린벨트 해제 등

찾 아 보 기

(ㅅ)

(ㅇ)

(ㅈ)

||| 저자약력 |||

■ **최 정 일**

-서강대학교 수학과
-서강대학교 경영대학원, 경영학석사
-명지대학교 대학원, 경영학박사
-동서경제연구소 증권조사부
-동서증권 및 동서투자자문 펀드매니저
-교보증권 리서치센터 투자분석팀
-국민은행 파생상품사업본부 자문위원
-한국증권업협회 연수원 및 투자자교육실 교수
-(현재) 성결대학교 경영학부 교수
-주요저서
- 경영학원론
- 증권투자의 길잡이
- 경영통계학
- 경영수학 입문
- 증권투자론
- 증권분석의 이해
- 증권시장의 이해
- 캔들차트 분석 등 다수

■ **이 옥 동**

-동국대학교
-동국대학교 대학원 부동산학과, 경영학석사
-De La Salle - Araneta Univ. 경영학박사
-벽산그룹 관재팀장
-세계부동산연맹 한국대표부 상임이사
-(사) 대학부동산학회 운영위원
-(사) 한국부동산연합회 상임이사
-공인중개사, 주택관리사 자격시험 출제위원
-(현재) 성결대학교 도시계획·부동산학부 교수
-주요저서
- 알기쉬운 부동산세법
- 알기쉬운 부동산공법
- 주택관리론
- 부동산컨설팅
- 부동산학 연습
- 부동산경영론
- 부동산입지론 등 다수

자 산 관 리

1판 2쇄 발행 2013년 3월 10일

저 자 최정일 · 이옥동
발행인 남 승 우

발행처 **남두도서**

서울시 동작구 사당로9가길 6(사당동)
TEL : (02)595-1692~4
FAX : (02)595-1394
E-mail : namdoo6@unitel.co.kr
신고 : 5-76호 (1998. 11. 4)

정가 22,000 원

ISBN 978-89-5780-084-3 13320